T&P BOOKS

WIT-RUSSISCH
WOORDENSCHAT

THEMATISCHE WOORDENLIJST

NEDERLANDS
WIT-RUSSISCH

De meest bruikbare woorden
Om uw woordenschat uit te breiden en
uw taalvaardigheid aan te scherpen

3000 woorden

Thematische woordenschat Nederlands-Wit-Russisch - 3000 woorden
Door Andrey Taranov

Woordenlijsten van T&P Books zijn bedoeld om u woorden van een vreemde taal te helpen leren, onthouden, en bestudering. Dit woordenboek is ingedeeld in thema's en behandelt alle belangrijk terreinen van het dagelijkse leven, bedrijven, wetenschap, cultuur, etc.

Het proces van het leren van woorden met behulp van de op thema's gebaseerde aanpak van T&P Books biedt u de volgende voordelen:

• Correct gegroepeerde informatie is bepalend voor succes bij opeenvolgende stadia van het leren van woorden
• De beschikbaarheid van woorden die van dezelfde stam zijn maakt het mogelijk om woordgroepen te onthouden (in plaats van losse woorden)
• Kleine groepen van woorden faciliteren het proces van het aanmaken van associatieve verbindingen, die nodig zijn bij het consolideren van de woordenschat
• Het niveau van talenkennis kan worden ingeschat door het aantal geleerde woorden

T&P Books Publishing
www.tpbooks.com

ISBN: 978-1-78492-372-3

Dit boek is ook beschikbaar in e-boek formaat.
Gelieve www.tpbooks.com te bezoeken of de belangrijkste online boekwinkels.

WIT-RUSSISCHE WOORDENSCHAT
nieuwe woorden leren

T&P Books woordenlijsten zijn bedoeld om u te helpen vreemde woorden te leren, te onthouden, en te bestuderen. De woordenschat bevat meer dan 3000 veel gebruikte woorden die thematisch geordend zijn.

* De woordenlijst bevat de meest gebruikte woorden
* Aanbevolen als aanvulling bij welke taalcursus dan ook
* Voldoet aan de behoeften van de beginnende en gevorderde student in vreemde talen
* Geschikt voor dagelijks gebruik, bestudering en zelftestactiviteiten
* Maakt het mogelijk om uw woordenschat te evalueren

Bijzondere kenmerken van de woordenschat

* De woorden zijn gerangschikt naar hun betekenis, niet volgens alfabet
* De woorden worden weergegeven in drie kolommen om bestudering en zelftesten te vergemakkelijken
* Woorden in groepen worden verdeeld in kleine blokken om het leerproces te vergemakkelijken
* De woordenschat biedt een handige en eenvoudige beschrijving van elk buitenlands woord

De woordenschat bevat 101 onderwerpen zoals:

Basisconcepten, getallen, kleuren, maanden, seizoenen, meeteenheden, kleding en accessoires, eten & voeding, restaurant, familieleden, verwanten, karakter, gevoelens, emoties, ziekten, stad, dorp, bezienswaardigheden, winkelen, geld, huis, thuis, kantoor, werken op kantoor, import & export, marketing, werk zoeken, sport, onderwijs, computer, internet, gereedschap, natuur, landen, nationaliteiten en meer ...

INHOUDSOPGAVE

UITSPRAAKGIDS

Letter	Wit-Russisch voorbeeld	T&P fonetisch alfabet	Nederlands voorbeeld
A a	Англія	[a]	acht
Б б	бульба	[b]	hebben
В в	вечар	[v]	beloven, schrijven
Г г	галава	[ɣ]	Nederlands in Nederland - gaat, negen
Д д	дзіця	[d]	Dank u, honderd
Дж дж	джаз	[ʤ]	jeans, jungle
Е е	метр	[ɛ]	elf, zwembad
Ё ё	вясёлы	[jɔ:], [ɜ:]	yoga, Joods
Ж ж	жыццё	[ʒ]	journalist, rouge
З з	заўтра	[z]	zeven, zesde
I i	нізкі	[i]	bidden, tint
Й й	англійскі	[j]	New York, januari
К к	красавік	[k]	kennen, kleur
Л л	лінія	[l]	delen, luchter
М м	камень	[m]	morgen, etmaal
Н н	Новы год	[n]	nemen, zonder
О о	опера	[ɔ]	aankomst, bot
П п	піва	[p]	parallel, koper
Р р	морква	[r]	roepen, breken
С с	соль	[s]	spreken, kosten
Т т	трус	[t]	tomaat, taart
У у	ізумруд	[u]	hoed, doe
Ў ў	каўбаса	[w]	twee, willen
Ф ф	футра	[f]	feestdag, informeren
Х х	захад	[h]	het, herhalen
Ц ц	цэнтр	[ʦ]	niets, plaats
Ч ч	пачатак	[ʧ]	Tsjechië, cello
Ш ш	штодня	[ʃ]	shampoo, machine
Ь ь	попельніца	[ʲ]	zachte teken - duidt aan dat de voorafgaande medeklinker zacht wordt uitgesproken
Ы ы	рыжы	[ɪ]	iemand, die
'	сузор'е	[ʰ]	harde teken - duidt aan dat de voorafgaande medeklinker hard wordt uitgesproken
Э э	Грэцыя	[ɛ]	elf, zwembad
Ю ю	плюс	[ju]	jullie, aquarium
Я я	трусяня	[ja]	signaal, Spanjaard

Letter	Wit-Russisch voorbeeld	T&P fonetisch alfabet	Nederlands voorbeeld

Lettercombinaties

дз	дзень	[dz]	zeldzaam
дзь	лебедзь	[dz]	jeans, bougie
дж	джаз	[ʤ]	jeans, jungle

Combinaties met het zachte teken (Ь ь)

зь	сувязь	[z]	origineel, regime
ль	вугаль	[ʎ]	biljet, morille
нь	верасень	[ɲ]	cognac, nieuw
сь	Беларусь	[ɕ]	Chicago, jasje
ць	сыкаць	[ʨ]	cappuccino, Engels - 'cheese'

AFKORTINGEN
gebruikt in de woordenschat

Nederlandse afkortingen

mann.	-	mannelijk
vrouw.	-	vrouwelijk
mv.	-	meervoud
on.ww.	-	onovergankelijk werkwoord
ov.ww.	-	overgankelijk werkwoord
bn	-	bijvoeglijk naamwoord
bw	-	bijwoord
abn	-	als bijvoeglijk naamwoord
bijv.	-	bijvoorbeeld
enz.	-	enzovoort
wisk.	-	wiskunde
enk.	-	enkelvoud
ov.	-	over
mil.	-	militair
vn	-	voornaamwoord
telb.	-	telbaar
form.	-	formele taal
ontelb.	-	ontelbaar
inform.	-	informele taal
vw	-	voegwoord
vz	-	voorzetsel
ww	-	werkwoord

Nederlandse artikelen

de	-	gemeenschappelijk geslacht
het	-	onzijdig
de/het	-	onzijdig, gemeenschappelijk geslacht

Wit-Russische afkortingen

м	-	mannelijk zelfstandig naamwoord
ж	-	vrouwelijk zelfstandig naamwoord
н	-	onzijdig
м мн	-	mannelijk meervoud
ж мн	-	vrouwelijk meervoud

н мн	-	onzijdig meervoud
мн	-	meervoud
м, ж	-	mannelijk, vrouwelijk

BASISBEGRIPPEN

1. Voornaamwoorden

ik	я	[ja]
jij, je	ты	[tı]
hij	ён	[ɜn]
zij, ze	яна	[ja'na]
het	яно	[ja'nɔ]
wij, we	мы	[mı]
jullie	вы	[vı]
zij, ze	яны	[ja'nı]

2. Begroetingen. Begroetingen

Hallo! Dag!	Вітаю!	[wi'taju]
Hallo!	Вітаю вас!	[wi'taju vas]
Goedemorgen!	Добрай раніцы!	['dɔbraj 'ranitsı]
Goedemiddag!	Добры дзень!	['dɔbrı 'dzɛɲ]
Goedenavond!	Добры вечар!	['dɔbrı 'wɛʧar]
gedag zeggen (groeten)	вітацца	[wi'tatsa]
Hoi!	Прывітанне!	[prıwi'taɲɛ]
groeten (het)	прывітанне (н)	[prıwi'taɲɛ]
verwelkomen (ww)	вітаць	[wi'taʦ]
Hoe gaat het?	Як маецеся?	[jak 'maɛtsɛsʲa]
Is er nog nieuws?	Што новага?	[ʃtɔ 'nɔvaɣa]
Dag! Tot ziens!	Да пабачэння!	[da paba'ʧɛɲja]
Tot snel! Tot ziens!	Да хуткай сустрэчы!	[da 'hutkaj sust'rɛʧı]
Vaarwel! (inform.)	Бывай!	[bı'vaj]
Vaarwel! (form.)	Бывайце!	[bı'vajtsɛ]
afscheid nemen (ww)	развітвацца	[razʲ'witvatsa]
Tot kijk!	Пакуль!	[pa'kuʎ]
Dank u!	Дзякуй!	['dzʲakuj]
Dank u wel!	Вялікі дзякуй!	[vʲa'liki 'dzʲakuj]
Graag gedaan	Калі ласка.	[kali'laska]
Geen dank!	Не варта падзякі	[ɲa 'varta pa'dzʲaki]
Geen moeite.	Няма за што.	[ɲa'ma za ʃtɔ]
Excuseer me, ... (inform.)	Прабач!	[pra'baʧ]
Excuseer me, ... (form.)	Прабачце!	[pra'baʧtsɛ]
excuseren (verontschuldigen)	прабачаць	[praba'ʧaʦ]
zich verontschuldigen	прасіць прабачэння	[pra'sits praba'ʧɛɲja]
Mijn excuses.	Прашу прабачэння	[pra'ʃu praba'ʧɛɲja]

Het spijt me!	Выбачайце!	[vɪba'ʧajtsɛ]
vergeven (ww)	выбачаць	[vɪba'ʧats]
alsjeblieft	калі ласка	[kali'laska]

Vergeet het niet!	Не забудзьце!	[nɛ za'butsɛ]
Natuurlijk!	Вядома!	[vʲa'dɔma]
Natuurlijk niet!	Вядома, не!	[vʲa'dɔma 'nɛ]
Akkoord!	Згодзен!	['zɣɔdzɛn]
Zo is het genoeg!	Хопіць!	['hɔpiʦ]

3. Vragen

Wie?	Хто?	[htɔ]
Wat?	Што?	[ʃtɔ]
Waar?	Дзе?	[dzɛ]
Waarheen?	Куды?	[ku'dɪ]
Waar ... vandaan?	Адкуль?	[at'kuʎ]
Wanneer?	Калі?	[ka'li]
Waarom?	Навошта?	[na'vɔʃta]
Waarom?	Чаму?	[ʧa'mu]

Waarvoor dan ook?	Для чаго?	[dʎa ʧa'ɣɔ]
Hoe?	Як?	[jak]
Wat voor ...?	Які?	[ja'ki]
Welk?	Каторы?	[ka'tɔrɪ]

Aan wie?	Каму?	[ka'mu]
Over wie?	Пра каго?	[pra ka'ɣɔ]
Waarover?	Пра што?	[pra 'ʃtɔ]
Met wie?	З кім?	[s kim]

| Hoeveel? | Колькі? | ['kɔʎki] |
| Van wie? (mann.) | Чый? | [ʧɪj] |

4. Voorzetsels

met (bijv. ~ beleg)	з	[z]
zonder (~ accent)	без	[bɛs]
naar (in de richting van)	у	[u]
over (praten ~)	аб	[ap]
voor (in tijd)	перад	['pɛrat]
voor (aan de voorkant)	перад	['pɛrat]

onder (lager dan)	пад	[pat]
boven (hoger dan)	над	[nat]
op (bovenop)	на	[na]

| van (uit, afkomstig van) | з | [z] |
| van (gemaakt van) | з | [z] |

| over (bijv. ~ een uur) | праз | [pras] |
| over (over de bovenkant) | праз | [pras] |

5. Functiewoorden. Bijwoorden. Deel 1

Waar?	Дзе?	[dzɛ]
hier (bw)	тут	[tut]
daar (bw)	там	[tam]

ergens (bw)	дзесьці	['dzɛsʲtsi]
nergens (bw)	нідзе	[ni'dzɛ]

bij … (in de buurt)	ля …	[ʎa]
bij het raam	ля акна	[ʎa ak'na]

Waarheen?	Куды?	[ku'dɪ]
hierheen (bw)	сюды	[sy'dɪ]
daarheen (bw)	туды	[tu'dɪ]
hiervandaan (bw)	адсюль	[a'tsyʎ]
daarvandaan (bw)	адтуль	[at'tuʎ]

dichtbij (bw)	блізка	['bliska]
ver (bw)	далёка	[da'lɔka]

in de buurt (van …)	каля	[ka'ʎa]
vlakbij (bw)	побач	['pɔbatʃ]
niet ver (bw)	недалёка	[nɛda'lɔka]

linker (bn)	левы	['lɛvɪ]
links (bw)	злева	['zʲlɛva]
linksaf, naar links (bw)	налева	[na'lɛva]

rechter (bn)	правы	['pravɪ]
rechts (bw)	справа	['sprava]
rechtsaf, naar rechts (bw)	направа	[nap'rava]

vooraan (bw)	спераду	['sʲpɛradu]
voorste (bn)	пярэдні	[pʲa'rɛdni]
vooruit (bw)	наперад	[na'pɛrat]

achter (bw)	ззаду	['zzadu]
van achteren (bw)	ззаду	['zzadu]
achteruit (naar achteren)	назад	[na'zat]

midden (het)	сярэдзіна (ж)	[sʲa'rɛdzina]
in het midden (bw)	пасярэдзіне	[pasʲa'rɛdzinɛ]

opzij (bw)	збоку	['zbɔku]
overal (bw)	усюды	[u'sydɪ]
omheen (bw)	навакол	[nava'kɔl]

binnenuit (bw)	знутры	[znut'rɪ]
naar ergens (bw)	кудысьці	[ku'dɪsʲtsi]
rechtdoor (bw)	наўпрост	[naup'rɔst]
terug (bijv. ~ komen)	назад	[na'zat]
ergens vandaan (bw)	адкуль-небудзь	[at'kuʎ 'nɛbuts]
ergens vandaan (en dit geld moet ~ komen)	аднекуль	[ad'nɛkuʎ]

ten eerste (bw)	па-першае	[pa ˈpɛrʃaɛ]
ten tweede (bw)	па-другое	[pa druˈɣɔɛ]
ten derde (bw)	па-трэцяе	[pa ˈtrɛtsʲaɛ]
plotseling (bw)	раптам	[ˈraptam]
in het begin (bw)	напачатку	[napaˈtʃatku]
voor de eerste keer (bw)	упершыню	[upɛrʃɨˈny]
lang voor … (bw)	задоўга да …	[zaˈdɔuɣa da]
opnieuw (bw)	нанава	[ˈnanava]
voor eeuwig (bw)	назусім	[nazuˈsim]
nooit (bw)	ніколі	[niˈkɔli]
weer (bw)	зноўку	[ˈznɔuku]
nu (bw)	цяпер	[tsʲaˈpɛr]
vaak (bw)	часта	[ˈtʃasta]
toen (bw)	тады	[taˈdɨ]
urgent (bw)	тэрмінова	[tɛrmiˈnɔva]
meestal (bw)	звычайна	[zvɨˈtʃajna]
trouwens, … (tussen haakjes)	дарэчы	[daˈrɛtʃɨ]
mogelijk (bw)	магчыма	[mahˈtʃɨma]
waarschijnlijk (bw)	напэўна	[naˈpɛuna]
misschien (bw)	мабыць	[ˈmabɨts]
trouwens (bw)	акрамя таго, …	[akraˈmʲa taˈɣɔ]
daarom …	таму	[taˈmu]
in weerwil van …	нягледзячы на …	[naɣˈlɛdzʲatʃɨ na]
dankzij …	дзякуючы …	[ˈdzʲakujutʃɨ]
wat (vn)	што	[ʃtɔ]
dat (vw)	што	[ʃtɔ]
iets (vn)	нешта	[ˈnɛʃta]
iets	што-небудзь	[ʃtɔˈnɛbuts]
niets (vn)	нічога	[niˈtʃɔɣa]
wie (~ is daar?)	хто	[htɔ]
iemand (een onbekende)	хтосьці	[ˈhtɔsʲtsi]
iemand (een bepaald persoon)	хто-небудзь	[htɔˈnɛbuts]
niemand (vn)	ніхто	[nihˈtɔ]
nergens (bw)	нікуды	[niˈkudɨ]
niemands (bn)	нічый	[niˈtʃɨj]
iemands (bn)	чый-небудзь	[tʃɨjˈnɛbuts]
zo (Ik ben ~ blij)	так	[tak]
ook (evenals)	таксама	[takˈsama]
alsook (eveneens)	таксама	[takˈsama]

6. Functiewoorden. Bijwoorden. Deel 2

Waarom?	Чаму?	[tʃaˈmu]
om een bepaalde reden	чамусьці	[tʃaˈmusʲtsi]
omdat …	бо …	[bɔ]

voor een bepaald doel	наштосьці	[naʃˈtɔsʲtsi]
en (vw)	і	[i]
of (vw)	або	[aˈbɔ]
maar (vw)	але	[aˈlɛ]
voor (vz)	для	[dʎa]

te (~ veel mensen)	занадта	[zaˈnatta]
alleen (bw)	толькі	[ˈtɔʎki]
precies (bw)	дакладна	[dakˈladna]
ongeveer (~ 10 kg)	каля	[kaˈʎa]

omstreeks (bw)	прыблізна	[prɪbˈlizna]
bij benadering (bn)	прыблізны	[prɪbˈliznɪ]
bijna (bw)	амаль	[aˈmaʎ]
rest (de)	астатняе (н)	[asˈtatɲaɛ]

elk (bn)	кожны	[ˈkɔʒnɪ]
om het even welk	любы	[lyˈbɪ]
veel (grote hoeveelheid)	шмат	[ʃmat]
veel mensen	многія	[ˈmnɔɣija]
iedereen (alle personen)	усе	[uˈsɛ]

in ruil voor ...	у абмен на ...	[u abˈmɛn na]
in ruil (bw)	наўзамен	[nauzaˈmɛn]
met de hand (bw)	уручную	[urutʃˈnuju]
onwaarschijnlijk (bw)	наўрад ці	[nauˈratsi]

waarschijnlijk (bw)	пэўна	[ˈpɛuna]
met opzet (bw)	знарок	[znaˈrɔk]
toevallig (bw)	выпадкова	[vɪpatˈkɔva]

zeer (bw)	вельмі	[ˈwɛʎmi]
bijvoorbeeld (bw)	напрыклад	[napˈrɪklat]
tussen (~ twee steden)	між	[miʃ]
tussen (te midden van)	сярод	[sʲaˈrɔt]
zoveel (bw)	столькі	[ˈstɔʎki]
vooral (bw)	асабліва	[asabˈliva]

GETALLEN. DIVERSEN

7. Kardinale getallen. Deel 1

nul	нуль (м)	[nuʎ]
een	адзін	[a'dzin]
twee	два	[dva]
drie	тры	[trı]
vier	чатыры	[ʧa'tırı]

vijf	пяць	[pʲat͡s]
zes	шэсць	[ʃɛsʲt͡s]
zeven	сем	[sɛm]
acht	восем	['vɔsɛm]
negen	дзевяць	['dzɛvʲat͡s]

tien	дзесяць	['dzɛsʲat͡s]
elf	адзінаццаць	[adzi'natsats]
twaalf	дванаццаць	[dva'natsats]
dertien	трынаццаць	[trı'natsats]
veertien	чатырнаццаць	[ʧatır'natsats]

vijftien	пятнаццаць	[pʲat'natsats]
zestien	шаснаццаць	[ʃas'natsats]
zeventien	семнаццаць	[sʲam'natsats]
achttien	васемнаццаць	[vasʲam'natsats]
negentien	дзевятнаццаць	[dzɛvʲat'natsats]

twintig	дваццаць	['dvatsats]
eenentwintig	дваццаць адзін	['dvatsats a'dzin]
tweeëntwintig	дваццаць два	['dvatsats 'dva]
drieëntwintig	дваццаць тры	['dvatsats 'trı]

dertig	трыццаць	['trıtsats]
eenendertig	трыццаць адзін	['trıtsats a'dzin]
tweeëndertig	трыццаць два	['trıtsats 'dva]
drieëndertig	трыццаць тры	['trıtsats 'trı]

veertig	сорак	['sɔrak]
eenenveertig	сорак адзін	['sɔrak a'dzin]
tweeënveertig	сорак два	['sɔrak 'dva]
drieënveertig	сорак тры	['sɔrak 'trı]

vijftig	пяцьдзесят	[pʲaddzʲa'sʲat]
eenenvijftig	пяцьдзесят адзін	[pʲaddzʲa'sʲat a'dzin]
tweeënvijftig	пяцьдзесят два	[pʲaddzʲa'sʲat 'dva]
drieënvijftig	пяцьдзесят тры	[pʲaddzʲa'sʲat 'trı]

zestig	шэсцьдзесят	['ʃɛzʲdzɛsʲat]
eenenzestig	шэсцьдзесят адзін	['ʃɛzʲdzɛsʲat a'dzin]

| tweeënzestig | шэсцьдзесят два | ['ʃɛzʲdzɛsʲat 'dva] |
| drieënzestig | шэсцьдзесят тры | ['ʃɛzʲdzɛsʲat 'trɪ] |

zeventig	семдзесят	['sɛmdzɛsʲat]
eenenzeventig	семдзесят адзін	['sɛmdzɛsʲat a'dzin]
tweeënzeventig	семдзесят два	['sɛmdzɛsʲat 'dva]
drieënzeventig	семдзесят тры	['sɛmdzɛsʲat 'trɪ]

tachtig	восемдзесят	['vɔsɛmdzɛsʲat]
eenentachtig	восемдзесят адзін	['vɔsɛmdzɛsʲat a'dzin]
tweeëntachtig	восемдзесят два	['vɔsɛmdzɛsʲat 'dva]
drieëntachtig	восемдзесят тры	['vɔsɛmdzɛsʲat 'trɪ]

negentig	дзевяноста	[dzɛvʲa'nɔsta]
eenennegentig	дзевяноста адзін	[dzɛvʲa'nɔsta a'dzin]
tweeënnegentig	дзевяноста два	[dzɛvʲa'nɔsta 'dva]
drieënnegentig	дзевяноста тры	[dzɛvʲa'nɔsta 'trɪ]

8. Kardinale getallen. Deel 2

honderd	сто	[stɔ]
tweehonderd	дзвесце	['dzʲwɛsʲtsɛ]
driehonderd	трыста	['trɪsta]
vierhonderd	чатырыста	[ʧa'tɪrɪsta]
vijfhonderd	пяцьсот	[pʲaʦ'sɔt]

zeshonderd	шэсцьсот	[ʃɛsʲʦ'sɔt]
zevenhonderd	семсот	[sɛm'sɔt]
achthonderd	восемсот	[vɔsɛm'sɔt]
negenhonderd	дзевяцьсот	[dzɛvʲaʦ'sɔt]

duizend	тысяча	['tɪsʲaʧa]
tweeduizend	дзве тысячы	['dzʲwɛ 'tɪsʲaʧɪ]
drieduizend	тры тысячы	['trɪ 'tɪsʲaʧɪ]
tienduizend	дзесяць тысяч	['dzɛsʲaʦ 'tɪsʲaʧ]
honderdduizend	сто тысяч	[stɔ 'tɪsʲaʧ]
miljoen (het)	мільён (м)	[mi'ʎjɔn]
miljard (het)	мільярд (м)	[mi'ʎjart]

9. Ordinale getallen

eerste (bn)	першы	['pɛrʃɪ]
tweede (bn)	другі	[dru'ɣi]
derde (bn)	трэці	['trɛtsi]
vierde (bn)	чацвёрты	[ʧaʦ'wɜrtɪ]
vijfde (bn)	пяты	['pʲatɪ]

zesde (bn)	шосты	['ʃɔstɪ]
zevende (bn)	сёмы	['sɜmɪ]
achtste (bn)	восьмы	['vɔsʲmɪ]
negende (bn)	дзевяты	[dzʲa'vʲatɪ]
tiende (bn)	дзесяты	[dzʲa'sʲatɪ]

KLEUREN. MEETEENHEDEN

10. Kleuren

kleur (de)	колер (м)	['kolɛr]
tint (de)	адценне (н)	[a'tsɛŋɛ]
kleurnuance (de)	тон (м)	[ton]
regenboog (de)	вясёлка (ж)	[vʲa'sɔlka]
wit (bn)	белы	['bɛlɪ]
zwart (bn)	чорны	['tʃɔrnɪ]
grijs (bn)	шэры	['ʃɛrɪ]
groen (bn)	зялёны	[zʲa'lɜnɪ]
geel (bn)	жоўты	['ʒɔutɪ]
rood (bn)	чырвоны	[tʃɪr'vɔnɪ]
blauw (bn)	сіні	['sini]
lichtblauw (bn)	блакітны	[bla'kitnɪ]
roze (bn)	ружовы	[ru'ʒɔvɪ]
oranje (bn)	аранжавы	[a'ranʒavɪ]
violet (bn)	фіялетавы	[fija'lɛtavɪ]
bruin (bn)	карычневы	[ka'rɪtʃnɛvɪ]
goud (bn)	залаты	[zala'tɪ]
zilverkleurig (bn)	серабрысты	[sɛrab'rɪstɪ]
beige (bn)	бэжавы	['bɛʒavɪ]
roomkleurig (bn)	крэмавы	['krɛmavɪ]
turkoois (bn)	бірузовы	[biru'zɔvɪ]
kersrood (bn)	вішнёвы	[wiʃ'nɜvɪ]
lila (bn)	ліловы	[li'lɔvɪ]
karmijnrood (bn)	малінавы	[ma'linavɪ]
licht (bn)	светлы	['sʲwɛtlɪ]
donker (bn)	цёмны	['tsɜmnɪ]
fel (bn)	яркі	['jarki]
kleur-, kleurig (bn)	каляровы	[kaʎa'rɔvɪ]
kleuren- (abn)	каляровы	[kaʎa'rɔvɪ]
zwart-wit (bn)	чорна-белы	['tʃɔrna 'bɛlɪ]
eenkleurig (bn)	аднакаляровы	[adnakaʎa'rɔvɪ]
veelkleurig (bn)	рознакаляровы	[rɔznakaʎa'rɔvɪ]

11. Meeteenheden

gewicht (het)	вага (ж)	[va'ɣa]
lengte (de)	даўжыня (ж)	[dauʒɪ'ɲa]

breedte (de)	шырыня (ж)	[ʃɪrɪ'ɲa]
hoogte (de)	вышыня (ж)	[vɪʃɪ'ɲa]
diepte (de)	глыбіня (ж)	[ɣlɪbi'ɲa]
volume (het)	аб'ём (м)	[abʰзm]
oppervlakte (de)	плошча (ж)	['plɔʃʧa]

gram (het)	грам (м)	[ɣram]
milligram (het)	міліграм (м)	[miliɣ'ram]
kilogram (het)	кілаграм (м)	[kilaɣ'ram]
ton (duizend kilo)	тона (ж)	['tɔna]
pond (het)	фунт (м)	[funt]
ons (het)	унцыя (ж)	['unʦɪja]

meter (de)	метр (м)	[mɛtr]
millimeter (de)	міліметр (м)	[mili'mɛtr]
centimeter (de)	сантыметр (м)	[santɪ'mɛtr]
kilometer (de)	кіламетр (м)	[kila'mɛtr]
mijl (de)	міля (ж)	['miʎa]

duim (de)	цаля (ж)	['ʦaʎa]
voet (de)	фут (м)	[fut]
yard (de)	ярд (м)	[jart]

| vierkante meter (de) | квадратны метр (м) | [kvad'ratnɪ 'mɛtr] |
| hectare (de) | гектар (м) | [ɣɛk'tar] |

liter (de)	літр (м)	[litr]
graad (de)	градус (м)	['ɣradus]
volt (de)	вольт (м)	[vɔʎt]
ampère (de)	ампер (м)	[am'pɛr]
paardenkracht (de)	конская сіла (ж)	['kɔnskaja 'sila]

hoeveelheid (de)	колькасць (ж)	['kɔʎkasʲʦ]
een beetje …	трохі …	['trɔhi]
helft (de)	палова (ж)	[pa'lɔva]
dozijn (het)	тузін (м)	['tuzin]
stuk (het)	штука (ж)	['ʃtuka]

| afmeting (de) | памер (м) | [pa'mɛr] |
| schaal (bijv. ~ van 1 op 50) | маштаб (м) | [maʃ'tap] |

minimaal (bn)	мінімальны	[mini'maʎnɪ]
minste (bn)	найменшы	[naj'mɛnʃɪ]
medium (bn)	сярэдні	[sʲa'rɛdni]
maximaal (bn)	максімальны	[maksi'maʎnɪ]
grootste (bn)	найбольшы	[naj'bɔʎʃɪ]

12. Containers

glazen pot (de)	слоік (м)	['slɔik]
blik (conserven~)	бляшанка (ж)	[bʎa'ʃanka]
emmer (de)	вядро (н)	[vʲad'rɔ]
ton (bijv. regenton)	бочка (ж)	['bɔʧka]
ronde waterbak (de)	таз (м)	[tas]

tank (bijv. watertank-70-ltr)	бак (м)	[bak]
heupfles (de)	біклажка (ж)	[bik'laʃka]
jerrycan (de)	каністра (ж)	[ka'nistra]
tank (bijv. ketelwagen)	цыстэрна (ж)	[tsɪs'tɛrna]

beker (de)	кубак (м)	['kubak]
kopje (het)	кубак (м)	['kubak]
schoteltje (het)	сподак (м)	['spɔdak]
glas (het)	шклянка (ж)	['ʃkʎaŋka]
wijnglas (het)	келіх (м)	['kɛlih]
steelpan (de)	рондаль (м)	['rɔndaʎ]

| fles (de) | бутэлька (ж) | [bu'tɛʎka] |
| flessenhals (de) | рыльца (н) | ['rɪʎtsa] |

karaf (de)	графін (м)	[ɣra'fin]
kruik (de)	збан (м)	[zban]
vat (het)	пасудзіна (ж)	[pa'sudzina]
pot (de)	гаршчок (м)	[ɣarʃ'tʃɔk]
vaas (de)	ваза (ж)	['vaza]

flacon (de)	флакон (м)	[fla'kɔn]
flesje (het)	бутэлечка (ж)	[bu'tɛlɛtʃka]
tube (bijv. ~ tandpasta)	цюбік (м)	['tsybik]

zak (bijv. ~ aardappelen)	мяшок (м)	[mʲa'ʃɔk]
tasje (het)	пакет (м)	[pa'kɛt]
pakje (~ sigaretten, enz.)	пачак (м)	['patʃak]

doos (de)	каробка (ж)	[ka'rɔpka]
kist (de)	скрынка (ж)	['skrɪŋka]
mand (de)	кош (м)	[kɔʃ]

BELANGRIJKSTE WERKWOORDEN

13. De belangrijkste werkwoorden. Deel 1

aanbevelen (ww)	рэкамендаваць	[rɛkamɛnda'vats]
aandringen (ww)	настойваць	[nas'tɔjvats]
aankomen (per auto, enz.)	прыязджаць	[prɪjaʒ'dʒats]
aanraken (ww)	кранаць	[kra'nats]
adviseren (ww)	раіць	['raits]

afdalen (on.ww.)	спускацца	[spus'katsa]
afslaan (naar rechts ~)	паварочваць	[pava'rotʃvats]
antwoorden (ww)	адказваць	[at'kazvats]
bang zijn (ww)	баяцца	[ba'jatsa]
bedreigen (bijv. met een pistool)	пагражаць	[paɣra'ʒats]

bedriegen (ww)	падманваць	[pad'manvats]
beëindigen (ww)	заканчваць	[za'kantʃvats]
beginnen (ww)	пачынаць	[patʃɪ'nats]
begrijpen (ww)	разумець	[razu'mɛts]
beheren (managen)	кіраваць	[kira'vats]

beledigen (met scheldwoorden)	абражаць	[abra'ʒats]
beloven (ww)	абяцаць	[abʲa'tsats]
bereiden (koken)	гатаваць	[ɣata'vats]
bespreken (spreken over)	абмяркоўваць	[abmʲar'kɔuvats]

bestellen (eten ~)	заказваць	[za'kazvats]
bestraffen (een stout kind ~)	караць	[ka'rats]
betalen (ww)	плаціць	[pla'tsits]
betekenen (beduiden)	азначаць	[azna'tʃats]
betreuren (ww)	шкадаваць	[ʃkada'vats]

bevallen (prettig vinden)	падабацца	[pada'batsa]
bevelen (mil.)	загадваць	[za'ɣadvats]
bevrijden (stad, enz.)	вызваляць	[vɪzva'ʎats]
bewaren (ww)	захоўваць	[za'hɔuvats]
bezitten (ww)	валодаць	[va'lɔdats]

bidden (praten met God)	маліцца	[ma'litsa]
binnengaan (een kamer ~)	уваходзіць	[uva'hɔdzits]
breken (ww)	ламаць	[la'mats]
controleren (ww)	кантраляваць	[kantraʎa'vats]
creëren (ww)	стварыць	[stva'rɪts]

deelnemen (ww)	удзельнічаць	[u'dzɛʎnitʃats]
denken (ww)	думаць	['dumats]
doden (ww)	забіваць	[zabi'vats]

| doen (ww) | рабіць | [ra'bits] |
| dorst hebben (ww) | хацець піць | [ha'tsɛts 'pits] |

14. De belangrijkste werkwoorden. Deel 2

een hint geven	намякаць	[namʲa'kats]
eisen (met klem vragen)	патрабаваць	[patraba'vats]
existeren (bestaan)	існаваць	[isna'vats]
gaan (te voet)	ісці	[isʲ'tsi]

gaan zitten (ww)	садзіцца	[sa'dzitsa]
gaan zwemmen	купацца	[ku'patsa]
geven (ww)	даваць	[da'vats]
glimlachen (ww)	усміхацца	[usʲmi'hatsa]
goed raden (ww)	адгадаць	[adɣa'dats]

| grappen maken (ww) | жартаваць | [ʒarta'vats] |
| graven (ww) | капаць | [ka'pats] |

hebben (ww)	мець	[mɛts]
helpen (ww)	дапамагаць	[dapama'ɣats]
herhalen (opnieuw zeggen)	паўтараць	[pauta'rats]
honger hebben (ww)	хацець есці	[ha'tsɛts 'ɛsʲtsi]
hopen (ww)	спадзявацца	[spadzʲa'vatsa]
horen (waarnemen met het oor)	чуць	[tʃuts]
huilen (wenen)	плакаць	['plakats]
huren (huis, kamer)	наймаць	[naj'mats]
informeren (informatie geven)	інфармаваць	[infarma'vats]

instemmen (akkoord gaan)	згаджацца	[zɣa'dʒatsa]
jagen (ww)	паляваць	[paʎa'vats]
kennen (kennis hebben van iemand)	ведаць	['wɛdats]
kiezen (ww)	выбіраць	[vibi'rats]
klagen (ww)	скардзіцца	['skardzitsa]

kosten (ww)	каштаваць	[kaʃta'vats]
kunnen (ww)	магчы	[mah'tʃɪ]
lachen (ww)	смяяцца	[sʲmʲa'jatsa]
laten vallen (ww)	упускаць	[upus'kats]
lezen (ww)	чытаць	[tʃɪ'tats]

liefhebben (ww)	кахаць	[ka'hats]
lunchen (ww)	абедаць	[a'bɛdats]
nemen (ww)	браць	[brats]
nodig zijn (ww)	патрабавацца	[patraba'vatsa]

15. De belangrijkste werkwoorden. Deel 3

| onderschatten (ww) | недаацэньваць | [nɛda:'tsɛɲvats] |
| ondertekenen (ww) | падпісваць | [pat'pisvats] |

ontbijten (ww)	снедаць	[ˈsʲnɛdats]
openen (ww)	адчыняць	[atʃɪˈɲats]
ophouden (ww)	спыняць	[spɪˈɲats]
opmerken (zien)	заўважаць	[zauvaˈʒats]

opscheppen (ww)	выхваляцца	[vɪhvaˈʎatsa]
opschrijven (ww)	запісваць	[zaˈpisvats]
plannen (ww)	планаваць	[planaˈvats]
prefereren (verkiezen)	аддаваць перавагу	[addaˈvats pɛraˈvaɣu]
proberen (trachten)	спрабаваць	[sprabaˈvats]
redden (ww)	ратаваць	[rataˈvats]

rekenen op …	разлічваць на …	[razˈlʲlitʃvats na]
rennen (ww)	бегчы	[ˈbɛhtʃɪ]
reserveren (een hotelkamer ~)	рэзерваваць	[rɛzɛrvaˈvats]
roepen (om hulp)	клікаць	[ˈklikats]
schieten (ww)	страляць	[straˈʎats]
schreeuwen (ww)	крычаць	[krɪˈtʃats]

schrijven (ww)	пісаць	[piˈsats]
souperen (ww)	вячэраць	[vʲaˈtʃɛrats]
spelen (kinderen)	гуляць	[ɣuˈʎats]
spreken (ww)	гаварыць	[ɣavaˈrɪts]
stelen (ww)	красці	[ˈkrasʲtsi]
stoppen (pauzeren)	спыняцца	[spɪˈɲatsa]

studeren (Nederlands ~)	вывучаць	[vɪvuˈtʃats]
sturen (zenden)	адправяляць	[atprauˈʎats]
tellen (optellen)	лічыць	[liˈtʃɪts]
toebehoren …	належаць	[naˈlɛʒats]
toestaan (ww)	дазваляць	[dazvaˈʎats]
tonen (ww)	паказваць	[paˈkazvats]

twijfelen (onzeker zijn)	сумнявацца	[sumɲaˈvatsa]
uitgaan (ww)	выходзіць	[vɪˈhɔdzits]
uitnodigen (ww)	запрашаць	[zapraˈʃats]
uitspreken (ww)	вымаўляць	[vɪmauˈʎats]
uitvaren tegen (ww)	лаяць	[ˈlajats]

16. De belangrijkste werkwoorden. Deel 4

vallen (ww)	падаць	[ˈpadats]
vangen (ww)	лавіць	[laˈwits]
veranderen (anders maken)	змяніць	[zʲmʲaˈnits]
verbaasd zijn (ww)	здзіўляцца	[zʲdziuˈʎatsa]
verbergen (ww)	хаваць	[haˈvats]

verdedigen (je land ~)	абараняць	[abaraˈɲats]
verenigen (ww)	аб'яднаваць	[abʲjadˈnɔuvats]
vergelijken (ww)	параўноўваць	[parauˈnɔuvats]
vergeten (ww)	забываць	[zabɪˈvats]
vergeven (ww)	выбачаць	[vɪbaˈtʃats]
verklaren (uitleggen)	тлумачыць	[tluˈmatʃɪts]

verkopen (per stuk ~)	прадаваць	[prada'vats]
vermelden (praten over)	згадваць	['zɣadvats]
versieren (decoreren)	упрыгожваць	[uprɪ'ɣɔʒvats]
vertalen (ww)	перакладаць	[pɛrakla'dats]

vertrouwen (ww)	давяраць	[davʲa'rats]
vervolgen (ww)	працягваць	[pra'tsʲaɣvats]
verwarren (met elkaar ~)	блытаць	['blɪtats]
verzoeken (ww)	прасіць	[pra'sits]
verzuimen (school, enz.)	прапускаць	[prapus'kats]

vinden (ww)	знаходзіць	[zna'hɔdzits]
vliegen (ww)	ляцець	[ʎa'tsɛts]
volgen (ww)	накіроўвацца	[naki'rɔuvatsa]
voorstellen (ww)	прапаноўваць	[prapa'nɔuvats]
voorzien (verwachten)	прадбачыць	[prad'batʃits]
vragen (ww)	пытаць	[pɪ'tats]

waarnemen (ww)	назіраць	[nazi'rats]
waarschuwen (ww)	папярэджваць	[papʲa'rɛdʒvats]
wachten (ww)	чакаць	[tʃa'kats]
weerspreken (ww)	пярэчыць	[pʲa'rɛtʃits]
weigeren (ww)	адмаўляцца	[admau'ʎatsa]

werken (ww)	працаваць	[pratsa'vats]
weten (ww)	ведаць	['wɛdats]
willen (verlangen)	хацець	[ha'tsɛts]
zeggen (ww)	сказаць	[ska'zats]
zich haasten (ww)	спяшацца	[sʲpʲa'ʃatsa]

zich interesseren voor …	цікавіцца	[tsi'kawitsa]
zich vergissen (ww)	памыляцца	[pamɪ'ʎatsa]
zich verontschuldigen	прасіць прабачэння	[pra'sits praba'tʃɛnja]
zien (ww)	бачыць	['batʃits]

zijn (ww)	быць	[bɪts]
zoeken (ww)	шукаць	[ʃu'kats]
zwemmen (ww)	плаваць	['plavats]
zwijgen (ww)	маўчаць	[mau'tʃats]

TIJD. KALENDER

17. Dagen van de week

maandag (de)	панядзелак (м)	[paɲa'dzɛlak]
dinsdag (de)	аўторак (м)	[au'tɔrak]
woensdag (de)	серада (ж)	[sɛra'da]
donderdag (de)	чацвер (м)	[tʃats'wɛr]
vrijdag (de)	пятніца (ж)	['pʲatnitsa]
zaterdag (de)	субота (ж)	[su'bota]
zondag (de)	нядзеля (ж)	[ɲa'dzɛʎa]
vandaag (bw)	сёння	['sɔɲja]
morgen (bw)	заўтра	['zautra]
overmorgen (bw)	паслязаўтра	[pasʲʎa'zautra]
gisteren (bw)	учора	[u'tʃora]
eergisteren (bw)	заўчора	[zau'tʃora]
dag (de)	дзень (м)	[dzɛɲ]
werkdag (de)	працоўны дзень (м)	[pra'tsounı 'dzɛɲ]
feestdag (de)	святочны дзень (м)	[sʲvʲa'totʃnı 'dzɛɲ]
verlofdag (de)	выхадны дзень (м)	[vıhad'nı 'dzɛɲ]
weekend (het)	выхадныя (м мн)	[vıhad'nija]
de hele dag (bw)	увесь дзень	[u'wɛzʲ 'dzɛɲ]
de volgende dag (bw)	на наступны дзень	[na nas'tupnı 'dzɛɲ]
twee dagen geleden	два дні таму	[dva 'dni ta'mu]
aan de vooravond (bw)	напярэдадні	[napʲa'rɛdadni]
dag-, dagelijks (bn)	штодзённы	[ʃtɔ'dzɔɲı]
elke dag (bw)	штодня	[ʃtɔd'ɲa]
week (de)	тыдзень (м)	['tıdzɛɲ]
vorige week (bw)	на мінулым тыдні	[na mi'nulım 'tıdni]
volgende week (bw)	на наступным тыдні	[na nas'tupnım 'tıdni]
wekelijks (bn)	штотыднёвы	[ʃtɔtıd'nɔvı]
elke week (bw)	штотыдзень	[ʃtɔ'tıdzɛɲ]
twee keer per week	два разы на тыдзень	['dva ra'zı na 'tıdzɛɲ]
elke dinsdag	штоаўторак	[ʃtɔau'tɔrak]

18. Uren. Dag en nacht

morgen (de)	ранак (м)	['ranak]
's morgens (bw)	ранкам	['raŋkam]
middag (de)	поўдзень (м)	['poudzɛɲ]
's middags (bw)	пасля абеду	[pasʲ'ʎa a'bɛdu]
avond (de)	вечар (м)	['wɛtʃar]
's avonds (bw)	увечар	[u'wɛtʃar]

nacht (de)	ноч (ж)	[nɔtʃ]
's nachts (bw)	уначы	[una'tʃɪ]
middernacht (de)	поўнач (ж)	['pɔunatʃ]

seconde (de)	секунда (ж)	[sɛ'kunda]
minuut (de)	хвіліна (ж)	[hwi'lina]
uur (het)	гадзіна (ж)	[ɣa'dzina]
halfuur (het)	паўгадзіны	[pauɣa'dzinɪ]
kwartier (het)	чвэрць (ж) гадзіны	['tʃvɛrdzʲ ɣa'dzinɪ]
vijftien minuten	пятнаццаць хвілін	[pʲat'natsats hwi'lin]
etmaal (het)	суткі (мн)	['sutki]

zonsopgang (de)	узыход (м) сонца	[uzɪ'hot 'sɔntsa]
dageraad (de)	світанак (м)	[sʲwi'tanak]
vroege morgen (de)	ранічка (ж)	['ranitʃka]
zonsondergang (de)	захад (м)	['zahat]

's morgens vroeg (bw)	ранічкаю	['ranitʃkaju]
vanmorgen (bw)	сёння ранкам	['sɔnja 'raŋkam]
morgenochtend (bw)	заўтра ранкам	['zautra 'raŋkam]

vanmiddag (bw)	сёння ўдзень	['sɔnja u'dzɛɲ]
's middags (bw)	пасля абеду	[pasʲ'ʎa a'bɛdu]
morgenmiddag (bw)	заўтра пасля абеду	['zautra pasʲ'ʎa a'bɛdu]

| vanavond (bw) | сёння ўвечары | ['sɔnja u'wɛtʃarɪ] |
| morgenavond (bw) | заўтра ўвечары | ['zautra u'wɛtʃarɪ] |

klokslag drie uur	роўна а трэцяй гадзіне	['rɔuna a 'trɛtsʲaj ɣa'dzinɛ]
ongeveer vier uur	каля чацвёртай гадзіны	[ka'ʎa tʃats'wɔrtaj ɣa'dzinɪ]
tegen twaalf uur	пад дванаццатую гадзіну	[pad dva'natsatuju ɣa'dzinu]

over twintig minuten	праз дваццаць хвілін	[praz 'dvatsats hwi'lin]
over een uur	праз гадзіну	[praz ɣa'dzinu]
op tijd (bw)	своечасова	[svɔɛtʃa'sɔva]

kwart voor …	без чвэрці	[bʲaʃ 'tʃvɛrtsi]
binnen een uur	на працягу гадзіны	[na pra'tsʲaɣu ɣa'dzinɪ]
elk kwartier	кожныя пятнаццаць хвілін	['koʒnɪja pʲat'natsats hwi'lin]
de klok rond	круглыя суткі (мн)	['kruɣlɪja 'sutki]

19. Maanden. Seizoenen

januari (de)	студзень (м)	['studzɛɲ]
februari (de)	люты (м)	['lytɪ]
maart (de)	сакавік (м)	[saka'wik]
april (de)	красавік (м)	[krasa'wik]
mei (de)	май (м)	[maj]
juni (de)	чэрвень (м)	['tʃɛrwɛɲ]

juli (de)	ліпень (м)	['lipɛɲ]
augustus (de)	жнівень (м)	['ʒniwɛɲ]
september (de)	верасень (м)	['wɛrasɛɲ]

oktober (de)	кастрычнік (м)	[kast'rɪtʃnik]
november (de)	лістапад (м)	[lista'pat]
december (de)	снежань (м)	['sʲnɛʒaɲ]

lente (de)	вясна (ж)	[vʲas'na]
in de lente (bw)	увесну	[u'wɛsnu]
lente- (abn)	вясновы	[vʲas'novɪ]

zomer (de)	лета (н)	['lɛta]
in de zomer (bw)	улетку	[u'lɛtku]
zomer-, zomers (bn)	летні	['lɛtni]

herfst (de)	восень (ж)	['vosɛɲ]
in de herfst (bw)	увосень	[u'vosɛɲ]
herfst- (abn)	восеньскі	['vosɛɲski]

winter (de)	зіма (ж)	[zi'ma]
in de winter (bw)	узімку	[u'zimku]
winter- (abn)	зімовы	[zi'movɪ]

maand (de)	месяц (м)	['mɛsʲats]
deze maand (bw)	у гэтым месяцы	[u 'ɣɛtɪm 'mɛsʲatsɪ]
volgende maand (bw)	у наступным месяцы	[u nas'tupnɪm 'mɛsʲatsɪ]
vorige maand (bw)	у мінулым месяцы	[u mi'nulɪm 'mɛsʲatsɪ]

een maand geleden (bw)	месяц таму	['mɛsʲats ta'mu]
over een maand (bw)	праз месяц	[prazʲ 'mɛsʲats]
over twee maanden (bw)	праз два месяцы	[praz 'dva 'mɛsʲatsɪ]
de hele maand (bw)	увесь месяц	[u'wɛsʲ 'mɛsʲats]
een volle maand (bw)	цэлы месяц	['tsɛlɪ 'mɛsʲats]

maand-, maandelijks (bn)	штомесячны	[ʃtɔ'mɛsʲatʃnɪ]
maandelijks (bw)	штомесяц	[ʃtɔ'mɛsʲats]
elke maand (bw)	штомесяц	[ʃtɔ'mɛsʲats]
twee keer per maand	два разы на месяц	[dva ra'zɪ na 'mɛsʲats]

jaar (het)	год (м)	[ɣɔt]
dit jaar (bw)	сёлета	['sɔlɛta]
volgend jaar (bw)	налета	[na'lɛta]
vorig jaar (bw)	летась	['lɛtasʲ]

een jaar geleden (bw)	год таму	['ɣɔt ta'mu]
over een jaar	праз год	[praz 'ɣɔt]
over twee jaar	праз два гады	[praz dva ɣa'dɪ]
het hele jaar	увесь год	[u'wɛzʲ 'ɣɔt]
een vol jaar	цэлы год	['tsɛlɪ 'ɣɔt]

elk jaar	штогод	[ʃtɔ'ɣɔt]
jaar-, jaarlijks (bn)	штогадовы	[ʃtɔɣa'dɔvɪ]
jaarlijks (bw)	штогод	[ʃtɔ'ɣɔt]
4 keer per jaar	чатыры разы на год	[tʃa'tɪrɪ ra'zɪ na 'ɣɔt]

datum (de)	дзень (м)	[dzɛɲ]
datum (de)	дата (ж)	['data]
kalender (de)	каляндар (м)	[kaʎan'dar]
een half jaar	паўгода	[pau'ɣɔda]

zes maanden	паўгоддзе (н)	[pau'ɣɔddzɛ]
seizoen (bijv. lente, zomer)	сезон (м)	[sɛ'zɔn]
eeuw (de)	стагоддзе (н)	[sta'ɣɔddzɛ]

REIZEN. HOTEL

20. Trip. Reizen

toerisme (het)	турызм (м)	[tu'rɪzm]
toerist (de)	турыст (м)	[tu'rɪst]
reis (de)	падарожжа (н)	[pada'roʐa]
avontuur (het)	прыгода (ж)	[prɪ'ɣoda]
tocht (de)	паездка (ж)	[pa'ɛstka]
vakantie (de)	водпуск (м)	['vɔtpusk]
met vakantie zijn	быць у водпуску	['bɪts u 'vɔtpusku]
rust (de)	адпачынак (м)	[atpa'tʃɪnak]
trein (de)	цягнік (м)	[tsʲaɣ'nik]
met de trein	цягніком	[tsʲaɣni'kɔm]
vliegtuig (het)	самалёт (м)	[sama'lɔt]
met het vliegtuig	самалётам	[sama'lɔtam]
met de auto	на аўтамабілі	[na autama'bili]
per schip (bw)	на караблі	[na karab'li]
bagage (de)	багаж (м)	[ba'ɣaʃ]
valies (de)	чамадан (м)	[tʃama'dan]
bagagekarretje (het)	каляска (ж) (для багажу)	[ka'ʎaska]
paspoort (het)	пашпарт (м)	['paʃpart]
visum (het)	віза (ж)	['wiza]
kaartje (het)	білет (м)	[bi'lɛt]
vliegticket (het)	авіябілет (м)	[awijabi'lɛt]
reisgids (de)	даведнік (м)	[da'wɛdnik]
kaart (de)	карта (ж)	['karta]
gebied (landelijk ~)	мясцовасць (ж)	[mʲas'tsovasʲts]
plaats (de)	месца (н)	['mɛstsa]
exotische bestemming (de)	экзотыка (ж)	[ɛɣ'zotɪka]
exotisch (bn)	экзатычны	[ɛɣza'tɪtʃnɪ]
verwonderlijk (bn)	дзівосны	[dzi'vosnɪ]
groep (de)	група (ж)	['ɣrupa]
rondleiding (de)	экскурсія (ж)	[ɛks'kursija]
gids (de)	экскурсавод (м)	[ɛkskursa'vot]

21. Hotel

hotel (het)	гасцініца (ж)	[ɣasʲ'tsinitsa]
motel (het)	матэль (м)	[ma'tɛʎ]
3-sterren	тры зоркі	[trɪ 'zorki]

5-sterren	пяць зорак	[pʲadzʲ ˈzɔrak]
overnachten (ww)	спыніцца	[spɪˈnitsa]
kamer (de)	нумар (м)	[ˈnumar]
eenpersoonskamer (de)	аднамесны нумар (м)	[adnaˈmɛsnɪ ˈnumar]
tweepersoonskamer (de)	двухмесны нумар (м)	[dvuhˈmɛsnɪ ˈnumar]
een kamer reserveren	браніраваць нумар	[braˈniravats ˈnumar]
halfpension (het)	паўпансіён (м)	[paupansiɜn]
volpension (het)	поўны пансіён (м)	[ˈpɔunɪ pansiɜn]
met badkamer	з ваннай	[z ˈvaŋaj]
met douche	з душам	[z ˈduʃam]
satelliet-tv (de)	спадарожнікавае тэлебачанне (н)	[spadaˈrɔʒnikavaɛ tɛlɛˈbatʃaŋɛ]
airconditioner (de)	кандыцыянер (м)	[kandɪtsɪjaˈnɛr]
handdoek (de)	ручнік (м)	[rutʃˈnik]
sleutel (de)	ключ (м)	[klytʃ]
administrateur (de)	адміністратар (м)	[administˈratar]
kamermeisje (het)	пакаёўка (ж)	[pakaɜuka]
piccolo (de)	насільшчык (м)	[naˈsiʎʃtʃɪk]
portier (de)	парцье (м)	[parˈtsjɛ]
restaurant (het)	рэстаран (м)	[rɛstaˈran]
bar (de)	бар (м)	[bar]
ontbijt (het)	сняданак (м)	[sʲɲaˈdanak]
avondeten (het)	вячэра (ж)	[vʲaˈtʃɛra]
buffet (het)	шведскі стол (м)	[ˈʃwɛtski ˈstɔl]
hal (de)	вестыбюль (м)	[wɛstɪˈbyʎ]
lift (de)	ліфт (м)	[lift]
NIET STOREN	НЕ ТУРБАВАЦЬ	[nɛ turbaˈvats]
VERBODEN TE ROKEN!	НЕ КУРЫЦЬ!	[nɛ kuˈrɪts]

22. Bezienswaardigheden

monument (het)	помнік (м)	[ˈpɔmnik]
vesting (de)	крэпасць (ж)	[ˈkrɛpasʲts]
paleis (het)	палац (м)	[paˈlats]
kasteel (het)	замак (м)	[ˈzamak]
toren (de)	вежа (ж)	[ˈwɛʒa]
mausoleum (het)	маўзалей (м)	[mauzaˈlɛj]
architectuur (de)	архітэктура (ж)	[arhitɛkˈtura]
middeleeuws (bn)	сярэдневякоwы	[sʲarɛdnɛvʲaˈkɔvɪ]
oud (bn)	старадаўні	[staraˈdauni]
nationaal (bn)	нацыянальны	[natsɪjaˈnaʎnɪ]
bekend (bn)	вядомы	[vʲaˈdɔmɪ]
toerist (de)	турыст (м)	[tuˈrɪst]
gids (de)	гід (м)	[ɣit]
rondleiding (de)	экскурсія (ж)	[ɛksˈkursija]

tonen (ww)	паказваць	[pa'kazvats]
vertellen (ww)	апавядаць	[apavʲa'dats]
vinden (ww)	знайсці	[znajsʲ'tsi]
verdwalen (de weg kwijt zijn)	згубіцца	[zɣu'bitsa]
plattegrond (~ van de metro)	схема (ж)	['shɛma]
plattegrond (~ van de stad)	план (м)	[plan]
souvenir (het)	сувенір (м)	[suwɛ'nir]
souvenirwinkel (de)	крама (ж) сувеніраў	['krama suwɛ'nirau]
een foto maken (ww)	фатаграфаваць	[fataɣrafa'vats]
zich laten fotograferen	фатаграфавацца	[fataɣrafa'vatsa]

VERVOER

23. Vliegveld

luchthaven (de)	аэрапорт (м)	[aɛra'pɔrt]
vliegtuig (het)	самалёт (м)	[sama'lɔt]
luchtvaartmaatschappij (de)	авіякампанія (ж)	[awijakam'panija]
luchtverkeersleider (de)	дыспетчар (м)	[dɪsʲ'pɛtʃar]

vertrek (het)	вылет (м)	['vɪlɛt]
aankomst (de)	прылёт (м)	[prɪ'lɔt]
aankomen (per vliegtuig)	прыляцець	[prɪʎa'tsɛts]

vertrektijd (de)	час (м) вылету	['tʃas 'vɪlɛtu]
aankomstuur (het)	час (м) прылёту	['tʃas prɪ'lɔtu]

vertraagd zijn (ww)	затрымлівацца	[zat'rɪmlivatsa]
vluchtvertraging (de)	затрымка (ж) вылету	[zat'rɪmka 'vɪlɛtu]

informatiebord (het)	інфармацыйнае табло (н)	[infarma'tsɪjnaɛ tab'lɔ]
informatie (de)	інфармацыя (ж)	[infar'matsɪja]
aankondigen (ww)	абвяшчаць	[abvʲaʃ'tʃats]
vlucht (bijv. KLM ~)	рэйс (м)	[rɛjs]

douane (de)	мытня (ж)	['mɪtɲa]
douanier (de)	мытнік (м)	['mɪtnik]

douaneaangifte (de)	дэкларацыя (ж)	[dɛkla'ratsɪja]
invullen (douaneaangifte ~)	запоўніць	[za'pounits]
paspoortcontrole (de)	пашпартны кантроль (м)	['paʃpartnɪ kant'rɔʎ]

bagage (de)	багаж (м)	[ba'ɣaʃ]
handbagage (de)	ручная паклажа (ж)	[rutʃ'naja pak'laʒa]
Gevonden voorwerpen	пошукі (мн) багажу	['poʃuki baɣa'ʒu]
bagagekarretje (het)	каляска (ж) (для багажу)	[ka'ʎaska]

landing (de)	пасадка (ж)	[pa'satka]
landingsbaan (de)	пасадачная паласа (ж)	[pa'sadatʃnaja pala'sa]
landen (ww)	садзіцца	[sa'dzitsa]
vliegtuigtrap (de)	трап (м)	[trap]

inchecken (het)	рэгістрацыя (ж)	[rɛɣist'ratsɪja]
incheckbalie (de)	стойка (ж) рэгістрацыі	['stɔjka rɛɣist'ratsɪi]
inchecken (ww)	зарэгістравацца	[zarɛɣistra'vatsa]
instapkaart (de)	пасадачны талон (м)	[pa'sadatʃnɪ ta'lɔn]
gate (de)	выхад (м)	['vɪhat]

transit (de)	транзіт (м)	[tran'zit]
wachten (ww)	чакаць	[tʃa'kats]
wachtzaal (de)	зала (ж) чакання	['zala tʃa'kaɲa]

| begeleiden (uitwuiven) | праводзіць | [pra'vɔdzits] |
| afscheid nemen (ww) | развітвацца | [raz'ʲwitvatsa] |

24. Vliegtuig

vliegtuig (het)	самалёт (м)	[sama'lɔt]
vliegticket (het)	авіябілет (м)	[awijabi'lɛt]
luchtvaartmaatschappij (de)	авіякампанія (ж)	[awijakam'panija]
luchthaven (de)	аэрапорт (м)	[aɛra'pɔrt]
supersonisch (bn)	звышгукавы	[zvɪʒɣuka'vɪ]

gezagvoerder (de)	камандзір (м) карабля	[kaman'dzir karab'ʎa]
bemanning (de)	экіпаж (м)	[ɛki'paʃ]
piloot (de)	пілот (м)	[pi'lɔt]
stewardess (de)	сцюардэса (ж)	[s'ʦyar'dɛsa]
stuurman (de)	штурман (м)	['ʃturman]

vleugels (mv.)	крылы (н мн)	['krɪlɪ]
staart (de)	хвост (м)	[hvɔst]
cabine (de)	кабіна (ж)	[ka'bina]
motor (de)	рухавік (м)	[ruha'wik]

| landingsgestel (het) | шасі (н) | [ʃa'si] |
| turbine (de) | турбіна (ж) | [tur'bina] |

| propeller (de) | прапелер (м) | [pra'pɛlɛr] |
| zwarte doos (de) | чорная скрынка (ж) | ['ʧɔrnaja 'skrɪŋka] |

| stuur (het) | штурвал (м) | [ʃtur'val] |
| brandstof (de) | гаручае (н) | [ɣaru'ʧaɛ] |

veiligheidskaart (de)	інструкцыя (ж)	[inst'ruktsɪja]
zuurstofmasker (het)	кіслародная маска (ж)	[kisla'rɔdnaja 'maska]
uniform (het)	уніформа (ж)	[uni'fɔrma]

| reddingsvest (de) | выратавальная камізэлька (ж) | [vɪrata'vaʎnaja kami'zɛʎka] |
| parachute (de) | парашут (м) | [para'ʃut] |

opstijgen (het)	узлёт (м)	[uz'ʲlɔt]
opstijgen (ww)	узлятаць	[uz'ʲʎa'tats]
startbaan (de)	узлётная паласа (ж)	[uz'ʲlɔtnaja pala'sa]

| zicht (het) | бачнасць (ж) | ['baʧnas'ʲts] |
| vlucht (de) | палёт (м) | [pa'lɔt] |

| hoogte (de) | вышыня (ж) | [vɪʃɪ'ɲa] |
| luchtzak (de) | паветраная яма (ж) | [pa'wɛtranaja 'jama] |

plaats (de)	месца (н)	['mɛstsa]
koptelefoon (de)	навушнікі (м мн)	[na'vuʃniki]
tafeltje (het)	адкідны столік (м)	[atkid'nɪ 'stɔlik]
venster (het)	ілюмінатар (м)	[ilymi'natar]
gangpad (het)	праход (м)	[pra'hɔt]

25. Trein

trein (de)	цягнік (м)	[ts⁣ʲaɣ'nik]
elektrische trein (de)	электрацягнік (м)	[ɛlɛktrats⁣ʲaɣ'nik]
sneltrein (de)	хуткі цягнік (м)	['hutki ts⁣ʲaɣ'nik]
diesellocomotief (de)	цеплавоз (м)	[tsɛpla'vɔs]
locomotief (de)	паравоз (м)	[para'vɔs]
rijtuig (het)	вагон (м)	[va'ɣɔn]
restauratierijtuig (het)	вагон-рэстаран (м)	[va'ɣɔn rɛsta'ran]
rails (mv.)	рэйкі (ж мн)	['rɛjki]
spoorweg (de)	чыгунка (ж)	[ʧⁱ'ɣuŋka]
dwarsligger (de)	шпала (ж)	['ʃpala]
perron (het)	платформа (ж)	[plat'fɔrma]
spoor (het)	пуць (м)	[puts]
semafoor (de)	семафор (м)	[sɛma'fɔr]
halte (bijv. kleine treinhalte)	станцыя (ж)	['stantsija]
machinist (de)	машыніст (м)	[maʃi'nist]
kruier (de)	насільшчык (м)	[na'siʎʃʧik]
conducteur (de)	праваднік (м)	[pravad'nik]
passagier (de)	пасажыр (м)	[pasa'ʒir]
controleur (de)	кантралёр (м)	[kantra'lɜr]
gang (in een trein)	калідор (м)	[kali'dɔr]
noodrem (de)	стоп-кран (м)	[stɔpk'ran]
coupé (de)	купэ (н)	[ku'pɛ]
bed (slaapplaats)	лаўка (ж)	['lauka]
bovenste bed (het)	лаўка (ж) верхняя	['lauka 'vɛrhɲaja]
onderste bed (het)	лаўка (ж) ніжняя	['lauka 'niʒɲaja]
beddengoed (het)	пасцельная бялізна (ж)	[pasʲ'tsɛʎnaja bⁱa'lizna]
kaartje (het)	білет (м)	[bi'lɛt]
dienstregeling (de)	расклад (м)	[rask'lat]
informatiebord (het)	табло (н)	[tab'lɔ]
vertrekken (De trein vertrekt ...)	адыходзіць	[adɪ'hɔdzits]
vertrek (ov. een trein)	адпраўленне (н)	[atprau'lɛɲɛ]
aankomen (ov. de treinen)	прыбываць	[prɪbɪ'vats]
aankomst (de)	прыбыццё (н)	[prɪbɪ'tsɜ]
aankomen per trein	прыехаць цягніком	[prɪ'ɛhats ts⁣ʲaɣni'kɔm]
in de trein stappen	сесці на цягнік	['sɛsʲtsi na ts⁣ʲaɣ'nik]
uit de trein stappen	сысці з цягніка	[sɪsʲ'tsi s⁣ʲ ts⁣ʲaɣni'ka]
treinwrak (het)	крушэнне (н)	[kru'ʃɛɲɛ]
locomotief (de)	паравоз (м)	[para'vɔs]
stoker (de)	качагар (м)	[kaʧa'ɣar]
stookplaats (de)	топка (ж)	['tɔpka]
steenkool (de)	вугаль (м)	['vuɣaʎ]

26. Schip

schip (het)	карабель (м)	[kara'bɛʎ]
vaartuig (het)	судна (н)	['sudna]
stoomboot (de)	параход (м)	[para'hɔt]
motorschip (het)	цеплаход (м)	[ʦɛpla'hɔt]
lijnschip (het)	лайнер (м)	['lajnɛr]
kruiser (de)	крэйсер (м)	['krɛjsɛr]
jacht (het)	яхта (ж)	['jahta]
sleepboot (de)	буксір (м)	[buk'sir]
duwbak (de)	баржа (ж)	['barʒa]
ferryboot (de)	паром (м)	[pa'rɔm]
zeilboot (de)	паруснік (м)	['parusʲnik]
brigantijn (de)	брыганціна (ж)	[brɨɣan'ʦina]
IJsbreker (de)	ледакол (м)	[lɛda'kɔl]
duikboot (de)	лодка (ж) падводная	['lɔtka pad'vɔdnaja]
boot (de)	лодка (ж)	['lɔtka]
sloep (de)	шлюпка (ж)	['ʃlypka]
reddingssloep (de)	шлюпка (ж) выратавальная	['ʃlypka vɨrata'vaʎnaja]
motorboot (de)	катэр (м)	['katɛr]
kapitein (de)	капітан (м)	[kapi'tan]
zeeman (de)	матрос (м)	[mat'rɔs]
matroos (de)	марак (м)	[ma'rak]
bemanning (de)	экіпаж (м)	[ɛki'paʃ]
bootsman (de)	боцман (м)	['bɔtsman]
scheepsjongen (de)	юнга (м)	['juŋa]
kok (de)	кок (м)	[kɔk]
scheepsarts (de)	суднавы ўрач (м)	['sudnavɨ u'ratʃ]
dek (het)	палуба (ж)	['paluba]
mast (de)	мачта (ж)	['matʃta]
zeil (het)	парус (м)	['parus]
ruim (het)	трум (м)	[trum]
voorsteven (de)	нос (м)	[nɔs]
achtersteven (de)	карма (ж)	[kar'ma]
roeispaan (de)	вясло (н)	[vʲas'lɔ]
schroef (de)	вінт (м)	[wint]
kajuit (de)	каюта (ж)	[ka'juta]
officierskamer (de)	кают-кампанія (ж)	[ka'jut kam'panija]
machinekamer (de)	машыннае аддзяленне (н)	[ma'ʃɨnaɛ addzʲa'lɛnɛ]
brug (de)	капітанскі мосцік (м)	[kapi'tanski 'mɔsʲtsik]
radiokamer (de)	радыёрубка (ж)	[radɨɔrupka]
radiogolf (de)	хваля (ж)	['hvaʎa]
logboek (het)	суднавы журнал (м)	['sudnavɨ ʒur'nal]
verrekijker (de)	падзорная труба (ж)	[pa'dzɔrnaja tru'ba]
klok (de)	звон (м)	[zvɔn]

vlag (de)	сцяг (м)	[sʲtsʲah]
kabel (de)	канат (м)	[ka'nat]
knoop (de)	вузел (м)	['vuzɛl]

| trapleuning (de) | поручань (м) | ['pɔrutʃaɲ] |
| trap (de) | трап (м) | [trap] |

anker (het)	якар (м)	['jakar]
het anker lichten	падняць якар	[pad'ɲats 'jakar]
het anker neerlaten	кінуць якар	['kinuts 'jakar]
ankerketting (de)	якарны ланцуг (м)	['jakarnɪ lan'tsuh]

haven (bijv. containerhaven)	порт (м)	[pɔrt]
kaai (de)	прычал (м)	[prɪ'tʃal]
aanleggen (ww)	прычальваць	[prɪ'tʃaʎvats]
wegvaren (ww)	адчальваць	[a'tʃaʎvats]

reis (de)	падарожжа (н)	[pada'rɔʒa]
cruise (de)	круіз (м)	[kru'is]
koers (de)	курс (м)	[kurs]
route (de)	маршрут (м)	[marʃ'rut]

vaarwater (het)	фарватэр (м)	[far'vatɛr]
zandbank (de)	мель (ж)	[mɛʎ]
stranden (ww)	сесці на мель	['sɛsʲtsi na 'mɛʎ]

storm (de)	бура (ж)	['bura]
signaal (het)	сігнал (м)	[siɣ'nal]
zinken (ov. een boot)	тануць	[ta'nuts]
SOS (noodsignaal)	SOS	[sɔs]
reddingsboei (de)	выратавальны круг (м)	[vɪrata'vaʎnɪ kruh]

STAD

27. Stedelijk vervoer

bus, autobus (de)	аўтобус (м)	[au'tɔbus]
tram (de)	трамвай (м)	[tram'vaj]
trolleybus (de)	тралейбус (м)	[tra'lɛjbus]
route (de)	маршрут (м)	[marʃ'rut]
nummer (busnummer, enz.)	нумар (м)	['numar]
rijden met ...	ехаць на ...	['ɛhat͡s na]
stappen (in de bus ~)	сесці	['sɛsʲt͡si]
afstappen (ww)	сысці	[sɪsʲ'tsi]
halte (de)	прыпынак (м)	[prɪ'pɪnak]
volgende halte (de)	наступны прыпынак (м)	[nas'tupnɪ prɪ'pɪnak]
eindpunt (het)	канцавы прыпынак (м)	[kant͡sa'vɪ prɪ'pɪnak]
dienstregeling (de)	расклад (м)	[rask'lat]
wachten (ww)	чакаць	[t͡ʃa'kat͡s]
kaartje (het)	білет (м)	[bi'lɛt]
reiskosten (de)	кошт (м) білета	['kɔʒd bi'lɛta]
kassier (de)	касір (м)	[ka'sir]
kaartcontrole (de)	кантроль (м)	[kant'rɔʎ]
controleur (de)	кантралёр (м)	[kantra'lɜr]
te laat zijn (ww)	спазняцца	[spazʲ'ɲat͡sa]
missen (de bus ~)	спазніцца	[spazʲ'nit͡sa]
zich haasten (ww)	спяшацца	[sʲpʲa'ʃat͡sa]
taxi (de)	таксі (н)	[tak'si]
taxichauffeur (de)	таксіст (м)	[tak'sist]
met de taxi (bw)	на таксі	[na tak'si]
taxistandplaats (de)	стаянка (ж) таксі	[sta'jaŋka tak'si]
een taxi bestellen	выклікаць таксі	['vɪklikat͡s tak'si]
een taxi nemen	узяць таксі	[u'zʲat͡s tak'si]
verkeer (het)	вулічны рух (м)	['vulit͡ʃnɪ 'ruh]
file (de)	затор (м)	[za'tɔr]
spitsuur (het)	час (м) пік	['t͡ʃasʲ 'pik]
parkeren (on.ww.)	паркавацца	[parka'vat͡sa]
parkeren (ov.ww.)	паркаваць	[parka'vat͡s]
parking (de)	стаянка (ж)	[sta'jaŋka]
metro (de)	метро (н)	[mɛt'rɔ]
halte (bijv. kleine treinhalte)	станцыя (ж)	['stant͡sɪja]
de metro nemen	ехаць на метро	['ɛhat͡s na mɛt'rɔ]
trein (de)	цягнік (м)	[t͡sʲaɣ'nik]
station (treinstation)	вакзал (м)	[vaɣ'zal]

28. Stad. Het leven in de stad

stad (de)	горад (м)	['ɣɔrat]
hoofdstad (de)	сталіца (ж)	[sta'litsa]
dorp (het)	вёска (ж)	['wɜska]
plattegrond (de)	план (м) горада	[plan 'ɣɔrada]
centrum (ov. een stad)	цэнтр (м) горада	[tsɛntr 'ɣɔrada]
voorstad (de)	прыгарад (м)	['prɪɣarat]
voorstads- (abn)	прыгарадны	['prɪɣaradnɪ]
randgemeente (de)	ускраіна (ж)	[usk'raina]
omgeving (de)	наваколле (н)	[nava'kɔllɛ]
blok (huizenblok)	квартал (м)	[kvar'tal]
woonwijk (de)	жылы квартал (м)	[ʒɪ'lɪ kvar'tal]
verkeer (het)	рух (м)	[ruh]
verkeerslicht (het)	святлафор (м)	[sʲvʲatla'fɔr]
openbaar vervoer (het)	гарадскі транспарт (м)	[ɣarats'ki 'transpart]
kruispunt (het)	скрыжаванне (н)	[skrɪʒa'vaɲɛ]
zebrapad (oversteekplaats)	пераход (м)	[pɛra'hɔt]
onderdoorgang (de)	падземны пераход (м)	[pa'dzɛmnɪ pɛra'hɔt]
oversteken (de straat ~)	пераходзіць	[pɛra'hɔdzits]
voetganger (de)	пешаход (м)	[pɛʃa'hɔt]
trottoir (het)	ходнік (м)	['hɔdnik]
brug (de)	мост (м)	[mɔst]
dijk (de)	набярэжная (ж)	[nabʲa'rɛʒnaja]
fontein (de)	фантан (м)	[fan'tan]
allee (de)	алея (ж)	[a'lɛja]
park (het)	парк (м)	[park]
boulevard (de)	бульвар (м)	[buʎ'var]
plein (het)	плошча (ж)	['plɔʃʧa]
laan (de)	праспект (м)	[prasʲ'pɛkt]
straat (de)	вуліца (ж)	['vulitsa]
zijstraat (de)	завулак (м)	[za'vulak]
doodlopende straat (de)	тупік (м)	[tu'pik]
huis (het)	дом (м)	[dɔm]
gebouw (het)	будынак (м)	[bu'dɪnak]
wolkenkrabber (de)	хмарачос (м)	[hmara'ʧɔs]
gevel (de)	фасад (м)	[fa'sat]
dak (het)	дах (м)	[dah]
venster (het)	акно (н)	[ak'nɔ]
boog (de)	арка (ж)	['arka]
pilaar (de)	калона (ж)	[ka'lɔna]
hoek (ov. een gebouw)	рог (м)	[rɔh]
vitrine (de)	вітрына (ж)	[wit'rɪna]
gevelreclame (de)	шыльда (ж)	['ʃɪʎda]
affiche (de/het)	афіша (ж)	[a'fiʃa]
reclameposter (de)	рэкламны плакат (м)	[rɛk'lamnɪ pla'kat]

aanplakbord (het)	рэкламны шчыт (м)	[rɛkˈlamnɪ ʃt͡ʃɪt]
vuilnis (de/het)	смецце (н)	[ˈsʲmɛtsɛ]
vuilnisbak (de)	урна (ж)	[ˈurna]
afval weggooien (ww)	насмечваць	[nasʲˈmɛt͡ʃvats]
stortplaats (de)	сметнік (м)	[ˈsʲmɛtnik]

telefooncel (de)	тэлефонная будка (ж)	[tɛlɛˈfɔɲaja ˈbutka]
straatlicht (het)	ліхтарны слуп (м)	[lihˈtarnɪ ˈslup]
bank (de)	лаўка (ж)	[ˈlauka]

politieagent (de)	паліцэйскі (м)	[paliˈtsɛjski]
politie (de)	паліцыя (ж)	[paˈlitsɪja]
zwerver (de)	жабрак (м)	[ʒabˈrak]
dakloze (de)	беспрытульны (м)	[bɛsprɪˈtuʎnɪ]

29. Stedelijke instellingen

winkel (de)	крама (ж)	[ˈkrama]
apotheek (de)	аптэка (ж)	[apˈtɛka]
optiek (de)	оптыка (ж)	[ˈɔptika]
winkelcentrum (het)	гандлёвы цэнтр (м)	[ɣandˈlɔvɪ ˈtsɛntr]
supermarkt (de)	супермаркет (м)	[supɛrˈmarkɛt]

bakkerij (de)	булачная (ж)	[ˈbulat͡ʃnaja]
bakker (de)	пекар (м)	[ˈpɛkar]
banketbakkerij (de)	кандытарская (ж)	[kanˈdɪtarskaja]
kruidenier (de)	бакалея (ж)	[bakaˈlɛja]
slagerij (de)	мясная крама (ж)	[mʲasˈnaja ˈkrama]

groentewinkel (de)	крама (ж) гароднiны	[ˈkrama ɣaˈrɔdninɪ]
markt (de)	рынак (м)	[ˈrɪnak]

koffiehuis (het)	кавярня (ж)	[kaˈvʲarɲa]
restaurant (het)	рэстаран (м)	[rɛstaˈran]
bar (de)	піўная (ж)	[piuˈnaja]
pizzeria (de)	піцэрыя (ж)	[piˈtsɛrɪja]

kapperssalon (de/het)	цырульня (ж)	[tsɪˈruʎna]
postkantoor (het)	пошта (ж)	[ˈpɔʃta]
stomerij (de)	хімчыстка (ж)	[himˈt͡ʃɪstka]
fotostudio (de)	фотаатэлье (н)	[fɔta:tɛˈʎɛ]

schoenwinkel (de)	абуткова крама (ж)	[abutˈkɔvaja ˈkrama]
boekhandel (de)	кнігарня (ж)	[kniˈɣarɲa]
sportwinkel (de)	спартыўная крама (ж)	[sparˈtɪunaja ˈkrama]

kledingreparatie (de)	рамонт (м) адзення	[raˈmɔnt aˈdzɛɲa]
kledingverhuur (de)	пракат (м) адзення	[praˈkat aˈdzɛɲa]
videotheek (de)	пракат (м) фільмаў	[praˈkat fiʎˈmau]

circus (de/het)	цырк (м)	[tsɪrk]
dierentuin (de)	заапарк (м)	[zaːˈpark]
bioscoop (de)	кінатэатр (м)	[kinatɛˈatr]
museum (het)	музей (м)	[muˈzɛj]

bibliotheek (de)	бібліятэка (ж)	[biblija'tɛka]
theater (het)	тэатр (м)	[tɛ'atr]
opera (de)	опера (ж)	['ɔpɛra]
nachtclub (de)	начны клуб (м)	[natʃ'nɪ 'klup]
casino (het)	казіно (н)	[kazi'nɔ]
moskee (de)	мячэць (ж)	[mʲa'tʃɛts]
synagoge (de)	сінагога (ж)	[sina'ɣɔɣa]
kathedraal (de)	сабор (м)	[sa'bɔr]
tempel (de)	храм (м)	[hram]
kerk (de)	царква (ж)	[tsark'va]
instituut (het)	інстытут (м)	[instɪ'tut]
universiteit (de)	універсітэт (м)	[uniwɛrsi'tɛt]
school (de)	школа (ж)	['ʃkɔla]
gemeentehuis (het)	прэфектура (ж)	[prɛfɛk'tura]
stadhuis (het)	мэрыя (ж)	['mɛrɪja]
hotel (het)	гасцініца (ж)	[ɣasʲ'tsinitsa]
bank (de)	банк (м)	[baŋk]
ambassade (de)	пасольства (н)	[pa'sɔʎstva]
reisbureau (het)	турагенцтва (н)	[tura'ɣɛntstva]
informatieloket (het)	бюро (н) даведак	[byʲrɔ da'wɛdak]
wisselkantoor (het)	абменны пункт (м)	[ab'mɛnɪ 'puŋkt]
metro (de)	метро (н)	[mɛt'rɔ]
ziekenhuis (het)	бальніца (ж)	[baʎ'nitsa]
benzinestation (het)	бензазапраўка (ж)	[bɛnzazap'rauka]
parking (de)	стаянка (ж)	[sta'jaŋka]

30. Borden

gevelreclame (de)	шыльда (ж)	['ʃɪʎda]
opschrift (het)	надпіс (м)	['natpis]
poster (de)	плакат (м)	[pla'kat]
wegwijzer (de)	паказальнік (м)	[paka'zaʎnik]
pijl (de)	стрэлка (ж)	['strɛlka]
waarschuwing (verwittiging)	перасцярога (ж)	[pɛrasʲtsʲa'rɔɣa]
waarschuwingsbord (het)	папярэджанне (н)	[papʲa'rɛdʒaɲɛ]
waarschuwen (ww)	папярэджваць	[papʲa'rɛdʒvatsʲ]
vrije dag (de)	выхадны дзень (м)	[vɪhad'nɪ 'dzɛɲ]
dienstregeling (de)	расклад (м)	[rask'lat]
openingsuren (mv.)	гадзіны (ж мн) працы	[ɣa'dzinɪ 'pratsɪ]
WELKOM!	САРДЭЧНА ЗАПРАШАЕМ!	[sar'dɛtʃna zapra'ʃaɛm]
INGANG	УВАХОД	[uva'hɔt]
UITGANG	ВЫХАД	['vɪhat]
DUWEN	АД СЯБЕ	[at sʲa'bɛ]
TREKKEN	НА СЯБЕ	[na sʲa'bɛ]

| OPEN | АДЧЫНЕНА | [a'ʧınɛna] |
| GESLOTEN | ЗАЧЫНЕНА | [za'ʧınɛna] |

| DAMES | ДЛЯ ЖАНЧЫН | [dʎa ʒan'ʧın] |
| HEREN | ДЛЯ МУЖЧЫН | [dʎa muʃ'ʧın] |

KORTING	СКІДКІ	['skitki]
UITVERKOOP	РАСПРОДАЖ	[rasp'rodaʃ]
NIEUW!	НАВІНКА!	[na'wıŋka]
GRATIS	БЯСПЛАТНА	[bʲasp'latna]

PAS OP!	УВАГА!	[u'vaɣa]
VOLGEBOEKT	МЕСЦАЎ НЯМА	['mɛstsau ɲa'ma]
GERESERVEERD	ЗАРЭЗЕРВАВАНА	[zarɛzɛrva'vana]

| ADMINISTRATIE | АДМІНІСТРАЦЫЯ | [administ'ratsıja] |
| ALLEEN VOOR PERSONEEL | ТОЛЬКІ ДЛЯ ПЕРСАНАЛУ | ['toʎki dʎa pɛrsa'nalu] |

GEVAARLIJKE HOND	ЗЛЫ САБАКА	[zlı sa'baka]
VERBODEN TE ROKEN!	НЕ КУРЫЦЬ!	[nɛ ku'rıts]
NIET AANRAKEN!	РУКАМІ НЕ КРАНАЦЬ!	[ru'kami nɛ kra'nats]

GEVAARLIJK	НЕБЯСПЕЧНА	[nɛbʲasʲ'pɛʧna]
GEVAAR	НЕБЯСПЕКА	[nɛbʲasʲ'pɛka]
HOOGSPANNING	ВЫСОКАЕ НАПРУЖАННЕ	[vı'sɔkaɛ nap'ruʒaɲɛ]
VERBODEN TE ZWEMMEN	КУПАЦЦА ЗАБАРОНЕНА	[ku'patsa zaba'rɔnɛna]
BUITEN GEBRUIK	НЕ ПРАЦУЕ	[nɛ pra'tsuɛ]

ONTVLAMBAAR	ВОГНЕНЕБЯСПЕЧНА	[vɔɣnɛnɛbʲasʲ'pɛʧna]
VERBODEN	ЗАБАРОНЕНА	[zaba'rɔnɛna]
DOORGANG VERBODEN	ПРАХОД ЗАБАРОНЕНЫ	[pra'hɔd zaba'rɔnɛnı]
OPGELET PAS GEVERFD	ПАФАРБАВАНА	[pafarba'vana]

31. Winkelen

kopen (ww)	купляць	[kup'ʎats]
aankoop (de)	пакупка (ж)	[pa'kupka]
winkelen (ww)	рабіць закупы	[ra'bidzʲ 'zakupı]
winkelen (het)	шопінг (м)	['ʃopinh]

| open zijn (ov. een winkel, enz.) | працаваць | [pratsa'vats] |
| gesloten zijn (ww) | зачыніцца | [zatʃı'nitsa] |

schoeisel (het)	абутак (м)	[a'butak]
kleren (mv.)	адзенне (н)	[a'dzɛɲɛ]
cosmetica (de)	касметыка (ж)	[kasʲ'mɛtıka]
voedingswaren (mv.)	прадукты (м мн)	[pra'duktı]
geschenk (het)	падарунак (м)	[pada'runak]

verkoper (de)	прадавец (м)	[prada'wɛts]
verkoopster (de)	прадаўшчыца (ж)	[pradauʃ'ʧıtsa]
kassa (de)	каса (ж)	['kasa]

spiegel (de)	люстэрка (н)	[lys'tɛrka]
toonbank (de)	прылавак (м)	[prɪ'lavak]
paskamer (de)	прымерачная (ж)	[prɪ'mɛratʃnaja]
aanpassen (ww)	прымераць	[prɪ'mɛrats]
passen (ov. kleren)	пасаваць	[pasa'vats]
bevallen (prettig vinden)	падабацца	[pada'batsa]
prijs (de)	цана (ж)	[tsa'na]
prijskaartje (het)	цэннік (м)	['tsɛŋik]
kosten (ww)	каштаваць	[kaʃta'vats]
Hoeveel?	Колькі?	['kɔʎki]
korting (de)	скідка (ж)	['skitka]
niet duur (bn)	недарагі	[nɛdara'ɣi]
goedkoop (bn)	танны	['taŋɪ]
duur (bn)	дарагі	[dara'ɣi]
Dat is duur.	Гэта дорага.	['ɣɛta 'dɔraɣa]
verhuur (de)	пракат (м)	[pra'kat]
huren (smoking, enz.)	узяць напракат	[u'zʲats napra'kat]
krediet (het)	крэдыт (м)	[krɛ'dɪt]
op krediet (bw)	у крэдыт	[u krɛ'dɪt]

KLEDING EN ACCESSOIRES

32. Bovenkleding. Jassen

kleren (mv.), kleding (de)	адзенне (н)	[a'dzɛŋɛ]
bovenkleding (de)	вопратка (ж)	['vɔpratka]
winterkleding (de)	зімовая вопратка (ж)	[zi'mɔvaja 'vɔpratka]
jas (de)	паліто (н)	[pali'tɔ]
bontjas (de)	футра (н)	['futra]
bontjasje (het)	паўкажушак (м)	[pauka'ʒuʃak]
donzen jas (de)	пухавік (м)	[puha'wik]
jasje (bijv. een leren ~)	куртка (ж)	['kurtka]
regenjas (de)	плашч (м)	[plaʃtʃ]
waterdicht (bn)	непрамакальны	[nɛprama'kaʎnɪ]

33. Heren & dames kleding

overhemd (het)	кашуля (ж)	[ka'ʃuʎa]
broek (de)	штаны (мн)	[ʃta'nɪ]
jeans (de)	джынсы (мн)	['dʒɪnsɪ]
colbert (de)	пінжак (м)	[pin'ʒak]
kostuum (het)	касцюм (м)	[kasʲ'tsym]
jurk (de)	сукенка (ж)	[su'kɛŋka]
rok (de)	спадніца (ж)	[spad'nitsa]
blouse (de)	блузка (ж)	['bluska]
wollen vest (de)	кофта (ж)	['kɔfta]
blazer (kort jasje)	жакет (м)	[ʒa'kɛt]
T-shirt (het)	футболка (ж)	[fud'bɔlka]
shorts (mv.)	шорты (мн)	['ʃɔrtɪ]
trainingspak (het)	спартыўны касцюм (м)	[spar'tɪunɪ kasʲ'tsym]
badjas (de)	халат (м)	[ha'lat]
pyjama (de)	піжама (ж)	[pi'ʒama]
sweater (de)	світэр (м)	['sʲwitɛr]
pullover (de)	пуловер (м)	[pu'lɔwɛr]
gilet (het)	камізэлька (ж)	[kami'zɛʎka]
rokkostuum (het)	фрак (м)	[frak]
smoking (de)	смокінг (м)	['smɔkinh]
uniform (het)	форма (ж)	['fɔrma]
werkkleding (de)	працоўнае адзенне (н)	[pra'tsɔunaɛ a'dzɛŋɛ]
overall (de)	камбінезон (м)	[kambinɛ'zɔn]
doktersjas (de)	халат (м)	[ha'lat]

34. Kleding. Ondergoed

ondergoed (het)	бялізна (ж)	[bʲaˈlizna]
onderhemd (het)	майка (ж)	[ˈmajka]
sokken (mv.)	шкарпэткі (ж мн)	[ʃkarˈpɛtki]
nachthemd (het)	начная кашуля (ж)	[natʃˈnaja kaˈʃuʎa]
beha (de)	бюстгальтар (м)	[byzˈɣaʎtar]
kniekousen (mv.)	гольфы (мн)	[ˈɣɔʎfɪ]
panty (de)	калготкі (мн)	[kalˈɣɔtki]
nylonkousen (mv.)	панчохі (ж мн)	[panˈtʃɔhi]
badpak (het)	купальнік (м)	[kuˈpaʎnik]

35. Hoofddeksels

hoed (de)	шапка (ж)	[ˈʃapka]
deukhoed (de)	капялюш (м)	[kapʲaˈlyʃ]
honkbalpet (de)	бейсболка (ж)	[bɛjzˈbɔlka]
kleppet (de)	кепка (ж)	[ˈkɛpka]
baret (de)	берэт (м)	[bʲaˈrɛt]
kap (de)	капюшон (м)	[kapyˈʃɔn]
panamahoed (de)	панамка (ж)	[paˈnamka]
gebreide muts (de)	вязаная шапачка (ж)	[ˈvʲazanaja ˈʃapatʃka]
hoofddoek (de)	хустка (ж)	[ˈhustka]
dameshoed (de)	капялюшык (м)	[kapʲaˈlyʃik]
veiligheidshelm (de)	каска (ж)	[ˈkaska]
veldmuts (de)	пілотка (ж)	[piˈlɔtka]
helm, valhelm (de)	шлем (м)	[ʃlɛm]
bolhoed (de)	кацялок (м)	[katsʲaˈlɔk]
hoge hoed (de)	цыліндр (м)	[tsɪˈlindr]

36. Schoeisel

schoeisel (het)	абутак (м)	[aˈbutak]
schoenen (mv.)	чаравікі (м мн)	[tʃaraˈwiki]
vrouwenschoenen (mv.)	туфлі (м мн)	[ˈtufli]
laarzen (mv.)	боты (м мн)	[ˈbɔtɪ]
pantoffels (mv.)	тапачкі (ж мн)	[ˈtapatʃki]
sportschoenen (mv.)	красоўкі (ж мн)	[kraˈsɔuki]
sneakers (mv.)	кеды (м мн)	[ˈkɛdɪ]
sandalen (mv.)	сандалі (ж мн)	[sanˈdali]
schoenlapper (de)	шавец (м)	[ʃaˈwɛts]
hiel (de)	абцас (м)	[apˈtsas]
paar (een ~ schoenen)	пара (ж)	[ˈpara]
veter (de)	шнурок (м)	[ʃnuˈrɔk]

rijgen (schoenen ~)	шнураваць	[ʃnura'vats]
schoenlepel (de)	ражок (м)	[ra'ʒɔk]
schoensmeer (de/het)	крэм (м) для абутку	['krɛm dʎa a'butku]

37. Persoonlijke accessoires

handschoenen (mv.)	пальчаткі (ж мн)	[paʎ'tʃatki]
wanten (mv.)	рукавіцы (ж мн)	[ruka'witsı]
sjaal (fleece ~)	шалік (м)	['ʃalik]

bril (de)	акуляры (мн)	[aku'ʎarı]
brilmontuur (het)	аправа (ж)	[ap'rava]
paraplu (de)	парасон (м)	[para'sɔn]
wandelstok (de)	палка (ж)	['palka]
haarborstel (de)	шчотка (ж) для валасоў	['ʃtʃotka dʎa vala'sɔu]
waaier (de)	веер (м)	['wɛːr]

das (de)	гальштук (м)	['ɣaʎʃtuk]
strikje (het)	гальштук-мушка (ж)	['ɣaʎʃtuk 'muʃka]
bretels (mv.)	шлейкі (мн)	['ʃlɛjki]
zakdoek (de)	насоўка (ж)	[na'sɔuka]

kam (de)	грабянец (м)	[ɣrabʲa'nɛts]
haarspeldje (het)	заколка (ж)	[za'kɔlka]
schuifspeldje (het)	шпілька (ж)	['ʃpiʎka]
gesp (de)	спражка (ж)	['spraʃka]

| broekriem (de) | пояс (м) | ['pɔjas] |
| draagriem (de) | рэмень (м) | ['rɛmɛɲ] |

handtas (de)	сумка (ж)	['sumka]
damestas (de)	сумачка (ж)	['sumatʃka]
rugzak (de)	рукзак (м)	[ruɣ'zak]

38. Kleding. Diversen

mode (de)	мода (ж)	['mɔda]
de mode (bn)	модны	['mɔdnı]
kledingstilist (de)	мадэльер (м)	[madɛ'ʎjɛr]

kraag (de)	каўнер (м)	[kau'nɛr]
zak (de)	кішэня (ж)	[ki'ʃeɲa]
zak- (abn)	кішэнны	[ki'ʃeɲı]
mouw (de)	рукаў (м)	[ru'kau]
lusje (het)	вешалка (ж)	['wɛʃalka]
gulp (de)	прарэх (м)	[pra'rɛh]

rits (de)	маланка (ж)	[ma'laŋka]
sluiting (de)	зашпілька (ж)	[zaʃ'piʎka]
knoop (de)	гузік (м)	['ɣuzik]
knoopsgat (het)	прарэшак (м)	[pra'rɛʃak]
losraken (bijv. knopen)	адарвацца	[adar'vatsa]

naaien (kleren, enz.)	шыць	[ʃits]
borduren (ww)	вышываць	[vɪʃɪ'vats]
borduursel (het)	вышыўка (ж)	['vɪʃɪuka]
naald (de)	іголка (ж)	[i'ɣɔlka]
draad (de)	нітка (ж)	['nitka]
naad (de)	шво (н)	[ʃvɔ]

vies worden (ww)	запэцкацца	[za'pɛtskatsa]
vlek (de)	пляма (ж)	['pʎama]
gekreukt raken (ov. kleren)	памяцца	[pa'mʲatsa]
scheuren (ov.ww.)	падраць	[pad'rats]
mot (de)	моль (ж)	[mɔʎ]

39. Persoonlijke verzorging. Schoonheidsmiddelen

tandpasta (de)	зубная паста (ж)	[zub'naja 'pasta]
tandenborstel (de)	зубная шчотка (ж)	[zub'naja 'ʃtʃotka]
tanden poetsen (ww)	чысціць зубы	['tʃɪsʲtsidzʲ zu'bɪ]

scheermes (het)	брытва (ж)	['brɪtva]
scheerschuim (het)	крэм (м) для галення	['krɛm dʎa ɣa'lɛnja]
zich scheren (ww)	галіцца	[ɣa'litsa]

| zeep (de) | мыла (н) | ['mɪla] |
| shampoo (de) | шампунь (м) | [ʃam'puɲ] |

schaar (de)	нажніцы (мн)	[naʒ'nitsɪ]
nagelvijl (de)	пілачка (ж) для пазногцяў	['pilatʃka dʎa paz'nɔhtsʲau]
nagelknipper (de)	шчыпчыкі (мн)	['ʃtʃɪptʃɪki]
pincet (het)	пінцэт (м)	[pin'tsɛt]

cosmetica (de)	касметыка (ж)	[kasʲ'mɛtɪka]
masker (het)	маска (ж)	['maska]
manicure (de)	манікюр (м)	[mani'kyr]
manicure doen	рабіць манікюр	[ra'bits mani'kyr]
pedicure (de)	педыкюр (м)	[pɛdɪ'kyr]

cosmetica tasje (het)	касметычка (ж)	[kasʲmɛ'tɪtʃka]
poeder (de/het)	пудра (ж)	['pudra]
poederdoos (de)	пудраніца (ж)	['pudranitsa]
rouge (de)	румяны (мн)	[ru'mʲanɪ]

parfum (de/het)	парфума (ж)	[par'fuma]
eau de toilet (de)	туалетная вада (ж)	[tua'lɛtnaja va'da]
lotion (de)	ласьён (м)	[la'sjon]
eau de cologne (de)	адэкалон (м)	[adɛka'lɔn]

oogschaduw (de)	цені (м мн) для павек	['tsɛni dʎa pa'wɛk]
oogpotlood (het)	аловак (м) для вачэй	[a'lovaɣ dʎa va'tʃɛj]
mascara (de)	туш (ж)	[tuʃ]

lippenstift (de)	губная памада (ж)	[ɣub'naja pa'mada]
nagellak (de)	лак (м) для пазногцяў	['laɣ dʎa paz'nɔhtsʲau]
haarlak (de)	лак (м) для валасоў	['laɣ dʎa vala'sɔu]

deodorant (de)	дэзадарант (м)	[dɛzada'rant]
crème (de)	крэм (м)	[krɛm]
gezichtscrème (de)	крэм (м) для твару	['krɛm dʎa 'tvaru]
handcrème (de)	крэм (м) для рук	['krɛm dʎa 'ruk]
antirimpelcrème (de)	крэм (м) супраць зморшчын	['krɛm 'supradzʲ z'mɔrʃʧin]
dag- (abn)	дзённы	['dzɜɲɪ]
nacht- (abn)	начны	[natʃʲnɪ]

tampon (de)	тампон (м)	[tam'pɔn]
toiletpapier (het)	туалетная папера (ж)	[tua'lɛtnaja pa'pɛra]
föhn (de)	фен (м)	[fɛn]

40. Horloges. Klokken

polshorloge (het)	гадзіннік (м)	[ɣa'dziŋik]
wijzerplaat (de)	цыферблат (м)	[tsɪfɛrb'lat]
wijzer (de)	стрэлка (ж)	['strɛlka]
metalen horlogeband (de)	бранзалет (м)	[branza'lɛt]
horlogebandje (het)	раменьчык (м)	[ra'mɛɲʧik]

batterij (de)	батарэйка (ж)	[bata'rɛjka]
leeg zijn (ww)	сесці	['sɛsʲtsi]
batterij vervangen	памяняць батарэйку	[pamʲa'ɲadzʲ bata'rɛjku]
voorlopen (ww)	спяшацца	[sʲpʲa'ʃatsa]
achterlopen (ww)	адставаць	[atsta'vatsʲ]

wandklok (de)	гадзіннік (м) насценны	[ɣa'dziŋik nasʲ'tsɛŋɪ]
zandloper (de)	гадзіннік (м) пясочны	[ɣa'dziŋik pʲa'sɔtʃɲɪ]
zonnewijzer (de)	гадзіннік (м) сонечны	[ɣa'dziŋik 'sɔnɛtʃɲɪ]
wekker (de)	будзільнік (м)	[bu'dziʎnik]
horlogemaker (de)	гадзіншчык (м)	[ɣa'dzinʃʧik]
repareren (ww)	рамантаваць	[ramanta'vatʃ]

ALLEDAAGSE ERVARING

41. Geld

geld (het)	грошы (мн)	['ɣrɔʃɪ]
ruil (de)	абмен (м)	[ab'mɛn]
koers (de)	курс (м)	[kurs]
geldautomaat (de)	банкамат (м)	[baŋka'mat]
muntstuk (de)	манета (ж)	[ma'nɛta]

| dollar (de) | долар (м) | ['dɔlar] |
| euro (de) | еўра (м) | ['ɛura] |

lire (de)	ліра (ж)	['lira]
Duitse mark (de)	марка (ж)	['marka]
frank (de)	франк (м)	[fraŋk]
pond sterling (het)	фунт (м) стэрлінгаў	['funt 'stɛrliŋau]
yen (de)	іена (ж)	[i'ɛna]

schuld (geldbedrag)	доўг (м)	['dɔuh]
schuldenaar (de)	даўжнік (м)	[dauʒ'nik]
uitlenen (ww)	даць у доўг	['dats u 'dɔuh]
lenen (geld ~)	узяць у доўг	[u'zʲats u 'dɔuh]

bank (de)	банк (м)	[baŋk]
bankrekening (de)	рахунак (м)	[ra'hunak]
op rekening storten	пакласці на рахунак	[pak'lasʲtsi na ra'hunak]
opnemen (ww)	зняць з рахунку	['zʲnadzʲ z ra'huŋku]

kredietkaart (de)	крэдытная картка (ж)	[krɛ'dɪtnaja 'kartka]
baar geld (het)	гатоўка (ж)	[ɣa'tɔuka]
cheque (de)	чэк (м)	[ʧɛk]
een cheque uitschrijven	выпісаць чэк	['vɪpisatsʲ 'ʧɛk]
chequeboekje (het)	чэкавая кніжка (ж)	['ʧɛkavaja 'kniʃka]

portefeuille (de)	бумажнік (м)	[bu'maʒnik]
geldbeugel (de)	кашалёк (м)	[kaʃa'lɔk]
portemonnee (de)	партманэт (м)	[partma'nɛt]
safe (de)	сейф (м)	[sɛjf]

erfgenaam (de)	спадчыннік (м)	['spatʃɪŋik]
erfenis (de)	спадчына (ж)	['spatʃɪna]
fortuin (het)	маёмасць (ж)	[maɔmasʲts]

huur (de)	арэнда (ж)	[a'rɛnda]
huurprijs (de)	кватэрная плата (ж)	[kva'tɛrnaja 'plata]
huren (huis, kamer)	наймаць	[naj'matsʲ]

| prijs (de) | цана (ж) | [tsa'na] |
| kostprijs (de) | кошт (м) | [kɔʃt] |

som (de)	сума (ж)	['suma]
uitgeven (geld besteden)	трaцiць	['tratsits]
kosten (mv.)	выдаткi (м мн)	[vɪ'datki]
bezuinigen (ww)	эканомiць	[ɛka'nɔmits]
zuinig (bn)	эканомны	[ɛka'nɔmnɪ]
betalen (ww)	плацiць	[pla'tsits]
betaling (de)	аплата (ж)	[ap'lata]
wisselgeld (het)	рэшта (ж)	['rɛʃta]
belasting (de)	падатак (м)	[pa'datak]
boete (de)	штраф (м)	[ʃtraf]
beboeten (bekeuren)	штрафаваць	[ʃtrafa'vats]

42. Post. Postkantoor

postkantoor (het)	пошта (ж)	['poʃta]
post (de)	пошта (ж)	['poʃta]
postbode (de)	паштальён (м)	[paʃta'ʎjon]
openingsuren (mv.)	гадзiны (ж мн) працы	[ɣa'dzinɪ 'pratsɪ]
brief (de)	лiст (м)	[list]
aangetekende brief (de)	заказны лiст (м)	[zakaz'nɪ 'list]
briefkaart (de)	паштоўка (ж)	[paʃ'tɔuka]
telegram (het)	тэлеграма (ж)	[tɛlɛɣ'rama]
postpakket (het)	пасылка (ж)	[pa'sɪlka]
overschrijving (de)	грашовы перавод (м)	[ɣra'ʃɔvɪ pɛra'vɔt]
ontvangen (ww)	атрымаць	[atrɪ'mats]
sturen (zenden)	адправiць	[atp'rawits]
verzending (de)	адпраўка (ж)	[atp'rauka]
adres (het)	адрас (м)	['adras]
postcode (de)	iндэкс (м)	['indɛks]
verzender (de)	адпраўшчык (м)	[atp'rauʃʧɪk]
ontvanger (de)	атрымальнiк (м)	[atrɪ'maʎnik]
naam (de)	iмя (н)	[i'mʲa]
achternaam (de)	прозвiшча (н)	['prɔzʲwiʃʧa]
tarief (het)	тарыф (м)	[ta'rɪf]
standaard (bn)	звычайны	[zvɪ'ʧajnɪ]
zuinig (bn)	эканамiчны	[ɛkana'miʧnɪ]
gewicht (het)	вага (ж)	[va'ɣa]
afwegen (op de weegschaal)	узважваць	[uz'vaʒvats]
envelop (de)	канверт (м)	[kan'wɛrt]
postzegel (de)	марка (ж)	['marka]

43. Bankieren

| bank (de) | банк (м) | [baŋk] |
| bankfiliaal (het) | аддзяленне (н) | [addzʲa'lɛŋɛ] |

| bankbediende (de) | кансультант (м) | [kansuʎ'tant] |
| manager (de) | загадчык (м) | [za'ɣatʃɪk] |

bankrekening (de)	рахунак (м)	[ra'hunak]
rekeningnummer (het)	нумар (м) рахунку	['numar ra'huŋku]
lopende rekening (de)	бягучы рахунак (м)	[bʲa'ɣutʃɪ ra'hunak]
spaarrekening (de)	назапашвальны рахунак (м)	[naza'paʃvaʎnɪ ra'hunak]

een rekening openen	адкрыць рахунак	[atk'rɪts ra'hunak]
de rekening sluiten	закрыць рахунак	[zak'rɪts ra'hunak]
op rekening storten	пакласці на рахунак	[pak'lasʲtsi na ra'hunak]
opnemen (ww)	зняць з рахунку	['zʲɲadzʲ z ra'huŋku]

storting (de)	уклад (м)	[uk'lat]
een storting maken	зрабіць уклад	[zra'bits uk'lat]
overschrijving (de)	перавод (м)	[pɛra'vɔt]
een overschrijving maken	зрабіць перавод	[zra'bits pɛra'vɔt]

| som (de) | сума (ж) | ['suma] |
| Hoeveel? | Колькі? | ['kɔʎki] |

| handtekening (de) | подпіс (м) | ['pɔtpis] |
| ondertekenen (ww) | падпісаць | [patpi'sats] |

kredietkaart (de)	крэдытная картка (ж)	[krɛ'dɪtnaja 'kartka]
code (de)	код (м)	[kɔt]
kredietkaartnummer (het)	нумар (м) крэдытнай карткі	['numar krɛ'dɪtnaj 'kartki]
geldautomaat (de)	банкамат (м)	[baŋka'mat]

cheque (de)	чэк (м)	[tʃɛk]
een cheque uitschrijven	выпісаць чэк	['vɪpisats 'tʃɛk]
chequeboekje (het)	чэкавая кніжка (ж)	['tʃɛkavaja 'kniʃka]

lening, krediet (de)	крэдыт (м)	[krɛ'dɪt]
een lening aanvragen	звяртацца па крэдыт	[zʲvʲar'tatsa pa krɛ'dɪt]
een lening nemen	браць крэдыт	['brats krɛ'dɪt]
een lening verlenen	даваць крэдыт	[da'vats krɛ'dɪt]
garantie (de)	гарантыя (ж)	[ɣa'rantɪja]

44. Telefoon. Telefoongesprek

telefoon (de)	тэлефон (м)	[tɛlɛ'fɔn]
mobieltje (het)	мабільны тэлефон (м)	[ma'biʎnɪ tɛlɛ'fɔn]
antwoordapparaat (het)	аўтаадказчык (м)	[auta:t'kaʃtʃɪk]

| bellen (ww) | тэлефанаваць | [tɛlɛfana'vats] |
| belletje (telefoontje) | тэлефанаванне (н) | [tɛlɛfana'vaɲɛ] |

een nummer draaien	набраць нумар	[nab'rats 'numar]
Hallo!	алё!	[a'lɔ]
vragen (ww)	спытаць	[spɪ'tats]
antwoorden (ww)	адказаць	[atka'zats]

horen (ww)	чуць	[tʃuts]
goed (bw)	добра	['dɔbra]
slecht (bw)	дрэнна	['drɛŋa]
storingen (mv.)	перашкоды (ж мн)	[pɛraʃ'kɔdɪ]

hoorn (de)	трубка (ж)	['trupka]
opnemen (ww)	зняць трубку	['zʲɲats 'trupku]
ophangen (ww)	пакласці трубку	[pak'lasʲtsi 'trupku]

bezet (bn)	заняты	[za'ɲatɪ]
overgaan (ww)	званіць	[zva'nits]
telefoonboek (het)	тэлефонная кніга (ж)	[tɛlɛ'fɔŋaja 'kniɣa]

lokaal (bn)	мясцовы	[mʲas'tsɔvɪ]
interlokaal (bn)	міжгародні	[miʒɣa'rɔdni]
buitenlands (bn)	міжнародны	[miʒna'rɔdnɪ]

45. Mobiele telefoon

mobieltje (het)	мабільны тэлефон (м)	[ma'biʎnɪ tɛlɛ'fon]
scherm (het)	дысплей (м)	[dɪsp'lɛj]
toets, knop (de)	кнопка (ж)	['knɔpka]
simkaart (de)	SIM-картка (ж)	[sim'kartka]

batterij (de)	батарэя (ж)	[bata'rɛja]
leeg zijn (ww)	разрадзіцца	[razra'dzitsa]
acculader (de)	зарадная прылада (ж)	[za'radnaja prɪ'lada]

menu (het)	меню (н)	[mɛ'ny]
instellingen (mv.)	наладкі (ж мн)	[na'latki]
melodie (beltoon)	мелодыя (ж)	[mɛ'lɔdɪja]
selecteren (ww)	выбраць	['vɪbrats]

rekenmachine (de)	калькулятар (м)	[kaʎku'ʎatar]
voicemail (de)	аўтаадказчык (м)	[auta:t'kaʃʧɪk]
wekker (de)	будзільнік (м)	[bu'dziʎnik]
contacten (mv.)	тэлефонная кніга (ж)	[tɛlɛ'fɔŋaja 'kniɣa]

| SMS-bericht (het) | SMS-паведамленне (н) | [ɛsɛ'mɛs pawɛdam'lɛŋɛ] |
| abonnee (de) | абанент (м) | [aba'nɛnt] |

46. Schrijfbehoeften

| balpen (de) | аўтаручка (ж) | [auta'ruʧka] |
| vulpen (de) | ручка (ж) пёравая | ['ruʧka 'pɜravaja] |

potlood (het)	аловак (м)	[a'lɔvak]
marker (de)	маркёр (м)	[mar'kɜr]
viltstift (de)	фламастэр (м)	[fla'mastɛr]

| notitieboekje (het) | блакнот (м) | [blak'nɔt] |
| agenda (boekje) | штодзённік (м) | [ʃtɔ'dzɜŋik] |

liniaal (de/het)	лінейка (ж)	[li'nɛjka]
rekenmachine (de)	калькулятар (м)	[kaʎku'ʎatar]
gom (de)	сцірка (ж)	['sʲtsirka]
punaise (de)	кнопка (ж)	['knɔpka]
paperclip (de)	сашчэпка (ж)	[saʃ'tʃɛpka]

lijm (de)	клей (м)	[klɛj]
nietmachine (de)	стэплер (м)	['stɛplɛr]
perforator (de)	дзіркакол (м)	[dzirka'kɔl]
potloodslijper (de)	тачылка (ж)	[ta'tʃɪlka]

47. Vreemde talen

taal (de)	мова (ж)	['mɔva]
vreemde taal (de)	замежная мова (ж)	[za'mɛʒnaja 'mɔva]
leren (bijv. van buiten ~)	вывучаць	[vɪvu'tʃats]
studeren (Nederlands ~)	вучыць	[vu'tʃɪts]

lezen (ww)	чытаць	[tʃɪ'tats]
spreken (ww)	гаварыць	[ɣava'rɪts]
begrijpen (ww)	разумець	[razu'mɛts]
schrijven (ww)	пісаць	[pi'sats]

snel (bw)	хутка	['hutka]
langzaam (bw)	павольна	[pa'vɔʎna]
vloeiend (bw)	лёгка	['lɔhka]

regels (mv.)	правілы (н мн)	['prawilɪ]
grammatica (de)	граматыка (ж)	[ɣra'matɪka]
vocabulaire (het)	лексіка (ж)	['lɛksika]
fonetiek (de)	фанетыка (ж)	[fa'nɛtɪka]

leerboek (het)	падручнік (м)	[pad'rutʃnik]
woordenboek (het)	слоўнік (м)	['slounik]
leerboek (het) voor zelfstudie	самавучыцель (м)	[samavu'tʃɪtsɛʎ]
taalgids (de)	размоўнік (м)	[raz'mounik]

cassette (de)	касета (ж)	[ka'sɛta]
videocassette (de)	відэакасета (ж)	[widɛaka'sɛta]
CD (de)	кампакт-дыск (м)	[kam'paɣd 'dɪsk]
DVD (de)	DVD (м)	[dziwi'dzi]

alfabet (het)	алфавіт (м)	[alfa'wit]
spellen (ww)	гаварыць па літарах	[ɣava'rɪts pa 'litarah]
uitspraak (de)	вымаўленне (н)	[vɪmau'lɛnɛ]

accent (het)	акцэнт (м)	[ak'tsɛnt]
met een accent (bw)	з акцэнтам	[z ak'tsɛntam]
zonder accent (bw)	без акцэнту	[bɛz ak'tsɛntu]

woord (het)	слова (н)	['slɔva]
betekenis (de)	сэнс (м)	[sɛns]
cursus (de)	курсы (м мн)	['kursɪ]
zich inschrijven (ww)	запісацца	[zapi'satsa]

leraar (de)	выкладчык (м)	[vɪk'latʃɪk]
vertaling (een ~ maken)	пераклад (м)	[pɛrak'lat]
vertaling (tekst)	пераклад (м)	[pɛrak'lat]
vertaler (de)	перакладчык (м)	[pɛrak'latʃɪk]
tolk (de)	перакладчык (м)	[pɛrak'latʃɪk]
polyglot (de)	паліглот (м)	[paliɣ'lɔt]
geheugen (het)	памяць (ж)	['pamʲats]

MAALTIJDEN. RESTAURANT

48. Tafelschikking

lepel (de)	лыжка (ж)	['lıʃka]
mes (het)	нож (м)	[noʃ]
vork (de)	відэлец (м)	[wı'dɛlɛts]
kopje (het)	кубак (м)	['kubak]
bord (het)	талерка (ж)	[ta'lɛrka]
schoteltje (het)	сподак (м)	['spɔdak]
servet (het)	сурвэтка (ж)	[sur'vɛtka]
tandenstoker (de)	зубачыстка (ж)	[zuba'tʃıstka]

49. Restaurant

restaurant (het)	рэстаран (м)	[rɛsta'ran]
koffiehuis (het)	кавярня (ж)	[ka'vʲarɲa]
bar (de)	бар (м)	[bar]
tearoom (de)	чайны салон (м)	['tʃajnı sa'lɔn]
kelner, ober (de)	афіцыянт (м)	[afitsı'jant]
serveerster (de)	афіцыянтка (ж)	[afitsı'jantka]
barman (de)	бармэн (м)	[bar'mɛn]
menu (het)	меню (н)	[mɛ'ny]
wijnkaart (de)	карта (ж) вінаў	['karta 'winau]
een tafel reserveren	забраніраваць столік	[zabra'niravats 'stɔlik]
gerecht (het)	страва (ж)	['strava]
bestellen (eten ~)	заказаць	[zaka'zats]
een bestelling maken	зрабіць заказ	[zra'bidzʲ za'kas]
aperitief (de/het)	аперытыў (м)	[apɛrı'tıu]
voorgerecht (het)	закуска (ж)	[za'kuska]
dessert (het)	дэсерт (м)	[dɛ'sɛrt]
rekening (de)	рахунак (м)	[ra'hunak]
de rekening betalen	аплаціць рахунак	[apla'tsits ra'hunak]
wisselgeld teruggeven	даць рэшту	['dats 'rɛʃtu]
fooi (de)	чаявыя (мн)	[tʃaja'vıja]

50. Maaltijden

eten (het)	ежа (ж)	['ɛʒa]
eten (ww)	есці	['ɛsʲtsi]

ontbijt (het)	сняданак (м)	[sʲɲaˈdanak]
ontbijten (ww)	снедаць	[ˈsʲnɛdatsʲ]
lunch (de)	абед (м)	[aˈbɛt]
lunchen (ww)	абедаць	[aˈbɛdatsʲ]
avondeten (het)	вячэра (ж)	[vʲaˈʈɛra]
souperen (ww)	вячэраць	[vʲaˈʈɛratsʲ]

| eetlust (de) | апетыт (м) | [apɛˈtɪt] |
| Eet smakelijk! | Смачна есці! | [ˈsmatʃna ˈɛsʲtsi] |

openen (een fles ~)	адкрываць	[atkrɪˈvatsʲ]
morsen (koffie, enz.)	разліць	[razʲˈlitsʲ]
zijn gemorst	разліцца	[razʲˈlitsa]

koken (water kookt bij 100°C)	кіпець	[kiˈpɛtsʲ]
koken (Hoe om water te ~)	кіпяціць	[kipʲaˈtsitsʲ]
gekookt (~ water)	кіпячоны	[kipʲaˈʈɔnɪ]
afkoelen (koeler maken)	астудзіць	[astuˈdzitsʲ]
afkoelen (koeler worden)	астуджвацца	[asˈtudʒvatsa]

| smaak (de) | смак (м) | [ˈsmak] |
| nasmaak (de) | прысмак (м) | [ˈprɪsmak] |

volgen een dieet	худзець	[huˈdzɛtsʲ]
dieet (het)	дыета (ж)	[dɪˈɛta]
vitamine (de)	вітамін (м)	[witaˈmin]
calorie (de)	калорыя (ж)	[kaˈlɔrɪja]
vegetariër (de)	вегетарыянец (м)	[wɛɣɛtarɪˈjanɛts]
vegetarisch (bn)	вегетарыянскі	[wɛɣɛtarɪˈjanski]

vetten (mv.)	тлушчы (м мн)	[tluʃˈtʃɪ]
eiwitten (mv.)	бялкі (м мн)	[bʲalˈki]
koolhydraten (mv.)	вугляводы (м мн)	[vuɣʎaˈvɔdɪ]
snede (de)	лустачка (ж)	[ˈlustatʃka]
stuk (bijv. een ~ taart)	кавалак (м)	[kaˈvalak]
kruimel (de)	крошка (ж)	[ˈkrɔʃka]

51. Bereide gerechten

gerecht (het)	страва (ж)	[ˈstrava]
keuken (bijv. Franse ~)	кухня (ж)	[ˈkuhɲa]
recept (het)	рэцэпт (м)	[rɛˈtsɛpt]
portie (de)	порцыя (ж)	[ˈpɔrtsija]

| salade (de) | салата (ж) | [saˈlata] |
| soep (de) | суп (м) | [sup] |

bouillon (de)	булён (м)	[buˈlɔn]
boterham (de)	бутэрброд (м)	[butɛrbˈrɔt]
spiegelei (het)	яечня (ж)	[jaˈɛtʃna]

hamburger (de)	катлета (ж)	[katˈlɛta]
hamburger (de)	гамбургер (м)	[ˈɣamburɣɛr]
biefstuk (de)	біфштэкс (м)	[bifʃˈtɛks]

hutspot (de)	смажаніна (ж)	[smaʒa'nina]
garnering (de)	гарнір (м)	[ɣar'nir]
spaghetti (de)	спагеці (мн)	[spa'ɣɛtsi]
aardappelpuree (de)	бульбяное пюрэ (н)	[buʌbʲa'nɔɛ py'rɛ]
pizza (de)	піца (ж)	['pitsa]
pap (de)	каша (ж)	['kaʃa]
omelet (de)	амлет (м)	[am'lɛt]
gekookt (in water)	вараны	['varanɪ]
gerookt (bn)	вэнджаны	['vɛndʒanɪ]
gebakken (bn)	смажаны	['smaʒanɪ]
gedroogd (bn)	сушаны	['suʃanɪ]
diepvries (bn)	замарожаны	[zama'rɔʒanɪ]
gemarineerd (bn)	марынаваны	[marɪna'vanɪ]
zoet (bn)	салодкі	[sa'lɔtki]
gezouten (bn)	салёны	[sa'lɜnɪ]
koud (bn)	халодны	[ha'lɔdnɪ]
heet (bn)	гарачы	[ɣa'ratʃɪ]
bitter (bn)	горкі	['ɣɔrki]
lekker (bn)	смачны	['smatʃnɪ]
koken (in kokend water)	варыць	[va'rɪts]
bereiden (avondmaaltijd ~)	гатаваць	[ɣata'vats]
bakken (ww)	смажыць	['smaʒɪts]
opwarmen (ww)	разаграваць	[razaɣra'vats]
zouten (ww)	саліць	[sa'lits]
peperen (ww)	перчыць	['pɛrtʃɪts]
raspen (ww)	драць	[drats]
schil (de)	лупіна (ж)	[lu'pina]
schillen (ww)	абіраць	[abi'rats]

52. Voedsel

vlees (het)	мяса (н)	['mʲasa]
kip (de)	курыца (ж)	['kurɪtsa]
kuiken (het)	кураня (н)	[kura'ɲa]
eend (de)	качка (ж)	['katʃka]
gans (de)	гусь (ж)	[ɣusʲ]
wild (het)	дзічына (ж)	[dzi'tʃɪna]
kalkoen (de)	індычка (ж)	[in'dɪtʃka]
varkensvlees (het)	свініна (ж)	[sʲwi'nina]
kalfsvlees (het)	цяляціна (ж)	[tsʲa'ʎatsina]
schapenvlees (het)	бараніна (ж)	[ba'ranina]
rundvlees (het)	ялавічына (ж)	['jalawitʃɪna]
konijnenvlees (het)	трус (м)	[trus]
worst (de)	каўбаса (ж)	[kauba'sa]
saucijs (de)	сасіска (ж)	[sa'siska]
spek (het)	бекон (м)	[bɛ'kɔn]
ham (de)	вяндліна (ж)	[vʲand'lina]
gerookte achterham (de)	кумпяк (м)	[kum'pʲak]

57

paté, pastei (de)	паштэт (м)	[paʃˈtɛt]
lever (de)	печань (ж)	[ˈpɛt͡ʃaɲ]
varkensvet (het)	сала (н)	[ˈsala]
gehakt (het)	фарш (м)	[farʃ]
tong (de)	язык (м)	[jaˈzɪk]

ei (het)	яйка (н)	[ˈjajka]
eieren (mv.)	яйкі (н мн)	[ˈjajki]
eiwit (het)	бялок (м)	[bʲaˈlɔk]
eigeel (het)	жаўток (м)	[ʒauˈtɔk]

vis (de)	рыба (ж)	[ˈrɪba]
zeevruchten (mv.)	морапрадукты (м мн)	[mɔrapraˈduktɪ]
kaviaar (de)	ікра (ж)	[ikˈra]

krab (de)	краб (м)	[krap]
garnaal (de)	крэветка (ж)	[krɛˈwɛtka]
oester (de)	вустрыца (ж)	[ˈvustrɪt͡sa]
langoest (de)	лангуст (м)	[laˈŋust]
octopus (de)	васьміног (м)	[vasʲmiˈnɔh]
inktvis (de)	кальмар (м)	[kaʎˈmar]

steur (de)	асятрына (ж)	[asʲatˈrɪna]
zalm (de)	ласось (м)	[laˈsɔsʲ]
heilbot (de)	палтус (м)	[ˈpaltus]

kabeljauw (de)	траска (ж)	[trasˈka]
makreel (de)	скумбрыя (ж)	[ˈskumbrɪja]
tonijn (de)	тунец (м)	[tuˈnɛt͡s]
paling (de)	вугор (м)	[vuˈɣɔr]

forel (de)	стронга (ж)	[ˈstrɔŋa]
sardine (de)	сардзіна (ж)	[sarˈdzina]
snoek (de)	шчупак (м)	[ʃt͡ʃuˈpak]
haring (de)	селядзец (м)	[sɛʎaˈdzɛt͡s]

brood (het)	хлеб (м)	[hlɛp]
kaas (de)	сыр (м)	[sɪr]
suiker (de)	цукар (м)	[ˈt͡sukar]
zout (het)	соль (ж)	[sɔʎ]

rijst (de)	рыс (м)	[rɪs]
pasta (de)	макарона (ж)	[makaˈrɔna]
noedels (mv.)	локшына (ж)	[ˈlɔkʃɪna]

boter (de)	масла (н)	[ˈmasla]
plantaardige olie (de)	алей (м)	[aˈlɛj]
zonnebloemolie (de)	сланечнікавы алей (м)	[slaˈnɛt͡ʃnikavɪ aˈlɛj]
margarine (de)	маргарын (м)	[marɣaˈrɪn]

| olijven (mv.) | алівы (ж мн) | [aˈlivɪ] |
| olijfolie (de) | алей (м) аліўкавы | [aˈlɛj aˈliukavɪ] |

melk (de)	малако (н)	[malaˈkɔ]
gecondenseerde melk (de)	згушчанае малако (н)	[ˈzɣuʃt͡ʃanaɛ malaˈkɔ]
yoghurt (de)	ёгурт (м)	[ɜɣurt]

| zure room (de) | смятана (ж) | [sʲmʲaˈtana] |
| room (de) | вяршкі (мн) | [vʲarʃˈki] |

| mayonaise (de) | маянэз (м) | [majaˈnɛs] |
| crème (de) | крэм (м) | [krɛm] |

graan (het)	крупы (мн)	[ˈkrupɪ]
meel (het), bloem (de)	мука (ж)	[muˈka]
conserven (mv.)	кансервы (ж мн)	[kanˈsɛrvɪ]

maïsvlokken (mv.)	кукурузныя шматкі (м мн)	[kukuˈruznɪja ʃmatˈki]
honing (de)	мёд (м)	[ˈmɜt]
jam (de)	джэм (м)	[dʒɛm]
kauwgom (de)	жавальная гумка (ж)	[ʒaˈvaʎnaja ˈɣumka]

53. Drankjes

water (het)	вада (ж)	[vaˈda]
drinkwater (het)	пітная вада (ж)	[pitˈnaja vaˈda]
mineraalwater (het)	мінеральная вада (ж)	[minɛˈraʎnaja vaˈda]

zonder gas	без газу	[bʲaz ˈɣazu]
koolzuurhoudend (bn)	газіраваны	[ɣaziraˈvanɪ]
bruisend (bn)	з газам	[z ˈɣazam]
IJs (het)	лёд (м)	[ˈlɜt]
met ijs	з лёдам	[zʲ ˈlɜdam]

alcohol vrij (bn)	безалкагольны	[bɛzalkaˈɣɔʎnɪ]
alcohol vrije drank (de)	безалкагольны напітак (м)	[bɛzalkaˈɣɔʎnɪ naˈpitak]
frisdrank (de)	прахаладжальны напітак (м)	[prahalaˈdʒaʎnɪ naˈpitak]
limonade (de)	ліманад (м)	[limaˈnat]

alcoholische dranken (mv.)	алкагольныя напіткі (м мн)	[alkaˈɣɔʎnɪja naˈpitki]
wijn (de)	віно (н)	[wiˈnɔ]
witte wijn (de)	белае віно (н)	[ˈbɛlaɛ wiˈnɔ]
rode wijn (de)	чырвонае віно (н)	[tʃɪrˈvɔnaɛ wiˈnɔ]

likeur (de)	лікёр (м)	[liˈkɜr]
champagne (de)	шампанскае (н)	[ʃamˈpanskaɛ]
vermout (de)	вермут (м)	[ˈwɛrmut]

whisky (de)	віскі (н)	[ˈwiski]
wodka (de)	гарэлка (ж)	[ɣaˈrɛlka]
gin (de)	джын (м)	[dʒɪn]
cognac (de)	каньяк (м)	[kaˈɲjak]
rum (de)	ром (м)	[rɔm]

koffie (de)	кава (ж)	[ˈkava]
zwarte koffie (de)	чорная кава (ж)	[ˈtʃɔrnaja ˈkava]
koffie (de) met melk	кава (ж) з малаком	[ˈkava z malaˈkɔm]
cappuccino (de)	кава (ж) з вяршкамі	[ˈkava zʲ vʲarʃˈkami]
oploskoffie (de)	раствaральная кава (ж)	[rastvaˈraʎnaja ˈkava]
melk (de)	малако (н)	[malaˈkɔ]

cocktail (de)	кактэйль (м)	[kak'tɛjʎ]
milkshake (de)	малочны кактэйль (м)	[ma'lɔʧnɪ kak'tɛjʎ]

sap (het)	сок (м)	[sɔk]
tomatensap (het)	таматны сок (м)	[ta'matnɪ 'sɔk]
sinaasappelsap (het)	апельсінавы сок (м)	[apɛʎ'sinavɪ 'sɔk]
vers geperst sap (het)	свежавыціснуты сок (м)	[sʲwɛʒa'vɪʦisnutɪ 'sɔk]

bier (het)	піва (н)	['piva]
licht bier (het)	светлае піва (н)	['sʲwɛtlaɛ 'piva]
donker bier (het)	цёмнае піва (н)	['ʦзmnaɛ 'piva]

thee (de)	чай (м)	[ʧaj]
zwarte thee (de)	чорны чай (м)	['ʧɔrnɪ 'ʧaj]
groene thee (de)	зялёны чай (м)	[zʲa'lзnɪ 'ʧaj]

54. Groenten

groenten (mv.)	гародніна (ж)	[ɣa'rɔdnina]
verse kruiden (mv.)	зеляніна (ж)	[zɛʎa'nina]

tomaat (de)	памідор (м)	[pami'dɔr]
augurk (de)	агурок (м)	[aɣu'rɔk]
wortel (de)	морква (ж)	['mɔrkva]
aardappel (de)	бульба (ж)	['buʎba]
ui (de)	цыбуля (ж)	[ʦɪ'buʎa]
knoflook (de)	часнок (м)	[ʧas'nɔk]

kool (de)	капуста (ж)	[ka'pusta]
bloemkool (de)	квяцістая капуста (ж)	[kvʲa'ʦistaja ka'pusta]
spruitkool (de)	брусельская капуста (ж)	[bru'sɛʎskaja ka'pusta]
broccoli (de)	капуста (ж) браколі	[ka'pusta bra'kɔli]

rode biet (de)	бурак (м)	[bu'rak]
aubergine (de)	баклажан (м)	[bakla'ʒan]
courgette (de)	кабачок (м)	[kaba'ʧɔk]
pompoen (de)	гарбуз (м)	[ɣar'bus]
raap (de)	рэпа (ж)	['rɛpa]

peterselie (de)	пятрушка (ж)	[pʲat'ruʃka]
dille (de)	кроп (м)	[krɔp]
sla (de)	салата (ж)	[sa'lata]
selderij (de)	сельдэрэй (м)	[sɛʎdɛ'rɛj]
asperge (de)	спаржа (ж)	['sparʒa]
spinazie (de)	шпінат (м)	[ʃpi'nat]

erwt (de)	гарох (м)	[ɣa'rɔh]
bonen (mv.)	боб (м)	[bɔp]
maïs (de)	кукуруза (ж)	[kuku'ruza]
boon (de)	фасоля (ж)	[fa'sɔʎa]

peper (de)	перац (м)	['pɛraʦ]
radijs (de)	радыска (ж)	[ra'dɪska]
artisjok (de)	артышок (м)	[artɪ'ʃɔk]

55. Vruchten. Noten

vrucht (de)	фрукт (м)	[frukt]
appel (de)	яблык (м)	['jablık]
peer (de)	груша (ж)	['ɣruʃa]
citroen (de)	лімон (м)	[li'mɔn]
sinaasappel (de)	апельсін (м)	[apɛʎ'sin]
aardbei (de)	клубніцы (ж мн)	[klub'niťsı]
mandarijn (de)	мандарын (м)	[manda'rın]
pruim (de)	сліва (ж)	['sʲliva]
perzik (de)	персік (м)	['pɛrsik]
abrikoos (de)	абрыкос (м)	[abrı'kɔs]
framboos (de)	маліны (ж мн)	[ma'linı]
ananas (de)	ананас (м)	[ana'nas]
banaan (de)	банан (м)	[ba'nan]
watermeloen (de)	кавун (м)	[ka'vun]
druif (de)	вінаград (м)	[winaɣ'rat]
zure kers (de)	вішня (ж)	['wiʃna]
zoete kers (de)	чарэшня (ж)	[ťa'rɛʃna]
meloen (de)	дыня (ж)	['dına]
grapefruit (de)	грэйпфрут (м)	[ɣrɛjpf'rut]
avocado (de)	авакада (н)	[ava'kada]
papaja (de)	папайя (ж)	[pa'paja]
mango (de)	манга (н)	['maŋa]
granaatappel (de)	гранат (м)	[ɣra'nat]
rode bes (de)	чырвоныя парэчкі (ж мн)	[ťʃır'vɔnıja pa'rɛťʃki]
zwarte bes (de)	чорныя парэчкі (ж мн)	['ťʃornıja pa'rɛťʃki]
kruisbes (de)	агрэст (м)	[aɣ'rɛst]
bosbes (de)	чарніцы (ж мн)	[ťʃar'niťsı]
braambes (de)	ажыны (ж мн)	[a'ʒını]
rozijn (de)	разынкі (ж мн)	[ra'zıŋki]
vijg (de)	інжыр (м)	[in'ʒır]
dadel (de)	фінік (м)	['finik]
pinda (de)	арахіс (м)	[a'rahis]
amandel (de)	міндаль (м)	[min'daʎ]
walnoot (de)	арэх (м)	[a'rɛh]
hazelnoot (de)	арэх (м)	[a'rɛh]
kokosnoot (de)	арэх (м) какосавы	[a'rɛh ka'kɔsavı]
pistaches (mv.)	фісташкі (ж мн)	[fis'taʃki]

56. Brood. Snoep

suikerbakkerij (de)	кандытарскія вырабы (м мн)	[kan'dıtarskija 'vırabı]
brood (het)	хлеб (м)	[hlɛp]
koekje (het)	печыва (н)	['pɛťʃiva]
chocolade (de)	шакалад (м)	[ʃaka'lat]

chocolade- (abn)	шакаладны	[ʃakaˈladnɪ]
snoepje (het)	цукерка (ж)	[tsuˈkɛrka]
cakeje (het)	пірожнае (н)	[piˈroʒnaɛ]
taart (bijv. verjaardags~)	торт (м)	[tɔrt]

pastei (de)	пірог (м)	[piˈrɔh]
vulling (de)	начынка (ж)	[naˈtʃɪŋka]
confituur (de)	варэнне (н)	[vaˈrɛŋɛ]
marmelade (de)	мармелад (м)	[marmɛˈlat]
wafel (de)	вафлі (ж мн)	[ˈvafli]
IJsje (het)	марожанае (н)	[maˈroʒanaɛ]

57. Kruiden

zout (het)	соль (ж)	[sɔʎ]
gezouten (bn)	салёны	[saˈlɜnɪ]
zouten (ww)	саліць	[saˈlits]

zwarte peper (de)	чорны перац (м)	[ˈtʃɔrnɪ ˈpɛrats]
rode peper (de)	чырвоны перац (м)	[tʃɪrˈvɔnɪ ˈpɛrats]
mosterd (de)	гарчыца (ж)	[ɣarˈtʃɪtsa]
mierikswortel (de)	хрэн (м)	[hrɛn]

condiment (het)	прыправа (ж)	[prɪpˈrava]
specerij , kruiderij (de)	духмяная спецыя (ж)	[duhˈmʲanaja ˈsʲpɛtsɪja]
saus (de)	соус (м)	[ˈsɔus]
azijn (de)	воцат (м)	[ˈvɔtsat]

anijs (de)	аніс (м)	[aˈnis]
basilicum (de)	базілік (м)	[baziˈlik]
kruidnagel (de)	гваздзіка (ж)	[ɣvazʲˈdzika]
gember (de)	імбір (м)	[imˈbir]
koriander (de)	каляндра (ж)	[kaˈʎandra]
kaneel (de/het)	карыца (ж)	[kaˈrɪtsa]

sesamzaad (het)	кунжут (м)	[kunˈʒut]
laurierblad (het)	лаўровы ліст (м)	[lauˈrɔvɪ ˈlist]
paprika (de)	папрыка (ж)	[ˈpaprɪka]
komijn (de)	кмен (м)	[kmɛn]
saffraan (de)	шафран (м)	[ʃafˈran]

PERSOONLIJKE INFORMATIE. FAMILIE

58. Persoonlijke informatie. Formulieren

naam (de)	імя (н)	[i'mʲa]
achternaam (de)	прозвішча (н)	['prɔzʲwiʃʧa]
geboortedatum (de)	дата (ж) нараджэння	['data nara'dʒɛnja]
geboorteplaats (de)	месца (н) нараджэння	['mɛstsa nara'dʒɛnja]
nationaliteit (de)	нацыянальнасць (ж)	[natsʲija'naʎnasʲts]
woonplaats (de)	месца (н) жыхарства	['mɛstsa ʒɪ'harstva]
land (het)	краіна (ж)	[kra'ina]
beroep (het)	прафесія (ж)	[pra'fɛsija]
geslacht (ov. het vrouwelijk ~)	пол (м)	[pɔl]
lengte (de)	рост (м)	[rɔst]
gewicht (het)	вага (ж)	[va'ɣa]

59. Familieleden. Verwanten

moeder (de)	маці (ж)	['matsi]
vader (de)	бацька (м)	['batska]
zoon (de)	сын (м)	[sɪn]
dochter (de)	дачка (ж)	[datʃ'ka]
jongste dochter (de)	малодшая дачка (ж)	[ma'lɔtʃaja datʃ'ka]
jongste zoon (de)	малодшы сын (м)	[ma'lɔtʃɪ 'sɪn]
oudste dochter (de)	старэйшая дачка (ж)	[sta'rɛjʃaja datʃ'ka]
oudste zoon (de)	старэйшы сын (м)	[sta'rɛjʃɪ 'sɪn]
broer (de)	брат (м)	[brat]
zuster (de)	сястра (ж)	[sʲast'ra]
neef (zoon van oom/tante)	стрыечны брат (м)	[strɪ'ɛʧnɪ 'brat]
nicht (dochter van oom/tante)	стрыечная сястра (ж)	[strɪ'ɛʧnaja sʲast'ra]
mama (de)	мама (ж)	['mama]
papa (de)	тата (м)	['tata]
ouders (mv.)	бацькі (мн)	[bats'ki]
kind (het)	дзіця (н)	[dzi'tsʲa]
kinderen (mv.)	дзеці (н мн)	['dzɛtsi]
oma (de)	бабуля (ж)	[ba'buʎa]
opa (de)	дзядуля (м)	[dzʲa'duʎa]
kleinzoon (de)	унук (м)	[u'nuk]
kleindochter (de)	унучка (ж)	[u'nuʧka]
kleinkinderen (mv.)	унукі (м мн)	[u'nuki]
oom (de)	дзядзька (м)	['dzʲatska]

tante (de)	цётка (ж)	['tsзtka]
neef (zoon van broer/zus)	пляменнік (м)	[pʎa'mɛɲik]
nicht (dochter van broer/zus)	пляменніца (ж)	[pʎa'mɛɲitsa]

schoonmoeder (de)	цешча (ж)	['tsɛʃtʃa]
schoonvader (de)	свёкар (м)	['sʲwɜkar]
schoonzoon (de)	зяць (м)	[zʲats]
stiefmoeder (de)	мачаха (ж)	['matʃaha]
stiefvader (de)	айчым (м)	[aj'tʃɪm]

zuigeling (de)	грудное дзіця (н)	[ɣrud'nɔɛ dzi'tsʲa]
wiegenkind (het)	немаўля (н)	[nɛmau'ʎa]
kleuter (de)	малыш (м)	[ma'lɪʃ]

vrouw (de)	жонка (ж)	['ʒɔŋka]
man (de)	муж (м)	[muʃ]
echtgenoot (de)	муж (м)	[muʃ]
echtgenote (de)	жонка (ж)	['ʒɔŋka]

gehuwd (mann.)	жанаты	[ʒa'natɪ]
gehuwd (vrouw.)	замужняя	[za'muʒɲaja]
ongehuwd (mann.)	халасты	[halas'tɪ]
vrijgezel (de)	халасцяк (м)	[halasʲ'tsʲak]
gescheiden (bn)	разведзены	[razʲ'wɛdzɛnɪ]
weduwe (de)	удава (ж)	[u'dava]
weduwnaar (de)	удавец (м)	[uda'wɛts]

familielid (het)	сваяк (м)	[sva'jak]
dichte familielid (het)	блізкі сваяк (м)	['bliski sva'jak]
verre familielid (het)	далёкі сваяк (м)	[da'lɜki sva'jak]
familieleden (mv.)	сваякі (м мн)	[svaja'ki]

wees (de), weeskind (het)	сірата (м, ж)	[sira'ta]
voogd (de)	апякун (м)	[apʲa'kun]
adopteren (een jongen te ~)	усынавіць	[usɪna'wits]
adopteren (een meisje te ~)	удачарыць	[udatʃa'rɪts]

60. Vrienden. Collega's

vriend (de)	сябар (м)	['sʲabar]
vriendin (de)	сяброўка (ж)	[sʲab'rɔuka]
vriendschap (de)	сяброўства (н)	[sʲab'rɔustva]
bevriend zijn (ww)	сябраваць	[sʲabra'vats]

makker (de)	прыяцель (м)	['prɪjatsɛʎ]
vriendin (de)	прыяцелька (ж)	['prɪjatsɛʎka]
partner (de)	партнёр (м)	[part'nɜr]

chef (de)	шэф (м)	[ʃɛf]
baas (de)	начальнік (м)	[na'tʃaʎnik]
ondergeschikte (de)	падначалены (м)	[padna'tʃalɛnɪ]
collega (de)	калега (м, ж)	[ka'lɛɣa]
kennis (de)	знаёмы (м)	[znaɜmɪ]
medereiziger (de)	спадарожнік (м)	[spada'rɔʒnik]

klasgenoot (de)	аднакласнік (м)	[adnak'las'nik]
buurman (de)	сусед (м)	[su'sɛt]
buurvrouw (de)	суседка (ж)	[su'sɛtka]
buren (mv.)	суседзі (м мн)	[su'sɛdzi]

MENSELIJK LICHAAM. GENEESKUNDE

61. Hoofd

hoofd (het)	галава (ж)	[ɣala'va]
gezicht (het)	твар (м)	[tvar]
neus (de)	нос (м)	[nɔs]
mond (de)	рот (м)	[rɔt]
oog (het)	вока (н)	['vɔka]
ogen (mv.)	вочы (н мн)	['vɔʧɪ]
pupil (de)	зрэнка (ж)	['zrɛnka]
wenkbrauw (de)	брыво (н)	[brɪ'vɔ]
wimper (de)	вейка (ж)	['wɛjka]
ooglid (het)	павека (н)	[pa'wɛka]
tong (de)	язык (м)	[ja'zɪk]
tand (de)	зуб (м)	[zup]
lippen (mv.)	губы (ж мн)	['ɣubɪ]
jukbeenderen (mv.)	скулы (ж мн)	['skulɪ]
tandvlees (het)	дзясна (ж)	[dzʲas'na]
gehemelte (het)	паднябенне (н)	[padɲa'bɛɲɛ]
neusgaten (mv.)	ноздры (ж мн)	['nɔzdrɪ]
kin (de)	падбародак (м)	[padba'rɔdak]
kaak (de)	сківіца (ж)	['skiwitsa]
wang (de)	шчака (ж)	[ʃʧa'ka]
voorhoofd (het)	лоб (м)	[lɔp]
slaap (de)	скронь (ж)	[skrɔɲ]
oor (het)	вуха (н)	['vuha]
achterhoofd (het)	патыліца (ж)	[pa'tɪlitsa]
hals (de)	шыя (ж)	['ʃɪja]
keel (de)	горла (н)	['ɣɔrla]
haren (mv.)	валасы (м мн)	[vala'sɪ]
kapsel (het)	прычоска (ж)	[prɪ'ʧɔska]
haarsnit (de)	стрыжка (ж)	['strɪʃka]
pruik (de)	парык (м)	[pa'rɪk]
snor (de)	вусы (м мн)	['vusɪ]
baard (de)	барада (ж)	[bara'da]
dragen (een baard, enz.)	насіць	[na'sitsʲ]
vlecht (de)	каса (ж)	[ka'sa]
bakkebaarden (mv.)	бакенбарды (мн)	[bakɛn'bardɪ]
ros (roodachtig, rossig)	рыжы	['rɪʒɪ]
grijs (~ haar)	сівы	[si'vɪ]
kaal (bn)	лысы	['lɪsɪ]
kale plek (de)	лысіна (ж)	['lɪsina]

| paardenstaart (de) | хвост (м) | [hvɔst] |
| pony (de) | чубок (м) | [ʧu'bɔk] |

62. Menselijk lichaam

| hand (de) | кісць (ж) | [kisʲts] |
| arm (de) | рука (ж) | [ru'ka] |

vinger (de)	палец (м)	['palɛts]
duim (de)	вялікі палец (м)	[vʲa'liki 'palɛts]
pink (de)	мезенец (м)	['mɛzɛnɛts]
nagel (de)	пазногаць (м)	[paz'nɔɣats]

vuist (de)	кулак (м)	[ku'lak]
handpalm (de)	далонь (ж)	[da'lɔn]
pols (de)	запясце (н)	[za'pʲasʲtsɛ]
voorarm (de)	перадплечча (н)	[pɛratpʲlɛʧʲa]
elleboog (de)	локаць (м)	['lɔkatsʲ]
schouder (de)	плячо (н)	[pʎa'ʧɔ]

been (rechter ~)	нага (ж)	[na'ɣa]
voet (de)	ступня (ж)	[stup'ɲa]
knie (de)	калена (н)	[ka'lɛna]
kuit (de)	лытка (ж)	['lɪtka]
heup (de)	сцягно (н)	[sʲtsʲaɣ'nɔ]
hiel (de)	пятка (ж)	['pʲatka]

lichaam (het)	цела (н)	['tsɛla]
buik (de)	жывот (м)	[ʒɪ'vɔt]
borst (de)	грудзі (мн)	['ɣrudzi]
borst (de)	грудзі (мн)	['ɣrudzi]
zijde (de)	бок (м)	[bɔk]
rug (de)	спіна (ж)	['sʲpina]
lage rug (de)	паясніца (ж)	[pajasʲ'nitsa]
taille (de)	талія (ж)	['talija]

navel (de)	пупок (м)	[pu'pɔk]
billen (mv.)	ягадзіцы (ж мн)	['jaɣadzitsɪ]
achterwerk (het)	зад (м)	[zat]

huidvlek (de)	радзімка (ж)	[ra'dzimka]
moedervlek (de)	радзімая пляма (ж)	[ra'dzimaja 'pʎama]
tatoeage (de)	татуіроўка (ж)	[tatui'rɔuka]
litteken (het)	шрам (м)	[ʃram]

63. Ziekten

ziekte (de)	хвароба (ж)	[hva'rɔba]
ziek zijn (ww)	хварэць	[hva'rɛts]
gezondheid (de)	здароўе (н)	[zda'rɔuɛ]
snotneus (de)	насмарк (м)	['nasmark]
angina (de)	ангіна (ж)	[a'ŋina]

verkoudheid (de)	прастуда (ж)	[pras'tuda]
verkouden raken (ww)	прастудзіцца	[prastu'dzitsa]
bronchitis (de)	бранхіт (м)	[bran'hit]
longontsteking (de)	запаленне (н) лёгкіх	[zapa'lɛɲɛ 'lɜhkih]
griep (de)	грып (м)	[ɣrɪp]
bijziend (bn)	блізарукі	[bliza'ruki]
verziend (bn)	дальназоркі	[daʎna'zɔrki]
scheelheid (de)	касавокасць (ж)	[kasa'vɔkasʲts]
scheel (bn)	касавокі	[kasa'vɔki]
grauwe staar (de)	катаракта (ж)	[kata'rakta]
glaucoom (het)	глаўкома (ж)	[ɣlau'kɔma]
beroerte (de)	інсульт (м)	[in'suʎt]
hartinfarct (het)	інфаркт (м)	[in'farkt]
myocardiaal infarct (het)	інфаркт (м) міякарда	[in'farkt mija'karda]
verlamming (de)	параліч (м)	[para'litʃ]
verlammen (ww)	паралізаваць	[paraliza'vats]
allergie (de)	алергія (ж)	[alɛr'ɣija]
astma (de/het)	астма (ж)	['astma]
diabetes (de)	дыябет (м)	[dɪja'bɛt]
tandpijn (de)	зубны боль (м)	[zub'nɪ 'bɔʎ]
tandbederf (het)	карыес (м)	['karɪɛs]
diarree (de)	дыярэя (ж)	[dɪja'rɛja]
constipatie (de)	запор (м)	[za'pɔr]
maagstoornis (de)	расстройства (н) страўніка	[rast'rɔjstva 'straunika]
voedselvergiftiging (de)	атручванне (н)	[at'rutʃvaɲɛ]
voedselvergiftiging oplopen	атруціцца	[atru'tsitsa]
artritis (de)	артрыт (м)	[art'rɪt]
rachitis (de)	рахіт (м)	[ra'hit]
reuma (het)	рэўматызм (м)	[rɛuma'tɪzm]
arteriosclerose (de)	атэрасклероз (м)	[atɛrasklɛ'rɔs]
gastritis (de)	гастрыт (м)	[ɣast'rɪt]
blindedarmontsteking (de)	апендыцыт (м)	[apɛndɪ'tsɪt]
galblaasontsteking (de)	халецыстыт (м)	[halɛtsɪs'tɪt]
zweer (de)	язва (ж)	['jazva]
mazelen (mv.)	адзёр (м)	[a'dzɜr]
rodehond (de)	краснуха (ж)	[kras'nuha]
geelzucht (de)	жаўтуха (ж)	[ʒau'tuha]
leverontsteking (de)	гепатыт (м)	[ɣɛpa'tɪt]
schizofrenie (de)	шызафрэнія (ж)	[ʃizafrɛ'nija]
dolheid (de)	шаленства (н)	[ʃa'lɛnstva]
neurose (de)	неўроз (м)	[nɛu'rɔs]
hersenschudding (de)	страсенне (н) мазгоў	[stra'sɛɲɛ mazɣ'ɔu]
kanker (de)	рак (м)	[rak]
sclerose (de)	склероз (м)	[sklɛ'rɔs]
multiple sclerose (de)	рассеяны склероз (м)	[ras'sɛjanɪ sklɛ'rɔs]

alcoholisme (het)	алкагалізм (м)	[alkaɣa'lizm]
alcoholicus (de)	алкаголік (м)	[alka'ɣɔlik]
syfilis (de)	сіфіліс (м)	['sifilis]
AIDS (de)	СНІД (м)	[sʲnit]
tumor (de)	пухліна (ж)	[puh'lina]
kwaadaardig (bn)	злаякасная	[zla'jakasnaja]
goedaardig (bn)	дабраякасная	[dabra'jakasnaja]
koorts (de)	ліхаманка (ж)	[liha'maŋka]
malaria (de)	малярыя (ж)	[maʎa'rija]
gangreen (het)	гангрэна (ж)	[ɣaŋ'rɛna]
zeeziekte (de)	марская хвароба (ж)	[mars'kaja hva'rɔba]
epilepsie (de)	эпілепсія (ж)	[ɛpi'lɛpsija]
epidemie (de)	эпідэмія (ж)	[ɛpi'dɛmija]
tyfus (de)	тыф (м)	[tɪf]
tuberculose (de)	сухоты (мн)	[su'hɔtɪ]
cholera (de)	халера (ж)	[ha'lɛra]
pest (de)	чума (ж)	[tʃu'ma]

64. Symptomen. Behandelingen. Deel 1

symptoom (het)	сімптом (м)	[simp'tɔm]
temperatuur (de)	тэмпература (ж)	[tɛmpɛra'tura]
verhoogde temperatuur (de)	высокая тэмпература (ж)	[vɪ'sɔkaja tɛmpɛra'tura]
polsslag (de)	пульс (м)	[puʎs]
duizeling (de)	галавакружэнне (н)	[ɣalavak'ruʒɛɲɛ]
heet (erg warm)	гарачы	[ɣa'ratʃɪ]
koude rillingen (mv.)	дрыжыкі (мн)	['drɪʒɪki]
bleek (bn)	бледны	['blɛdnɪ]
hoest (de)	кашаль (м)	['kaʃaʎ]
hoesten (ww)	кашляць	['kaʃʎatʃ]
niezen (ww)	чхаць	[tʃhatʃ]
flauwte (de)	непрытомнасць (ж)	[nɛprɪ'tɔmnasʲtʃ]
flauwvallen (ww)	страціць прытомнасць	['stratʃitʃ prɪ'tɔmnasʲtʃ]
blauwe plek (de)	сіняк (м)	[si'ɲak]
buil (de)	гуз (м)	[ɣus]
zich stoten (ww)	стукнуцца	['stuknutsa]
kneuzing (de)	выцятае месца (н)	['vɪtsʲatae 'mɛstsa]
kneuzen (gekneusd zijn)	выцяцца	['vɪtsʲatsa]
hinken (ww)	кульгаць	[kuʎ'ɣatʃ]
verstuiking (de)	звіх (м)	[zʲwih]
verstuiken (enkel, enz.)	звіхнуць	[zʲwih'nutʃ]
breuk (de)	пералом (м)	[pɛra'lɔm]
een breuk oplopen	атрымаць пералом	[atrɪ'matʃ pɛra'lɔm]
snijwond (de)	парэз (м)	[pa'rɛs]
zich snijden (ww)	парэзацца	[pa'rɛzatsa]
bloeding (de)	крывацёк (м)	[krɪva'tsʲɔk]

| brandwond (de) | апёк (м) | [a'pɔk] |
| zich branden (ww) | апячыся | [apʲa'tʃɪsʲa] |

prikken (ww)	укалоць	[uka'lɔts]
zich prikken (ww)	укалоцца	[uka'lɔtsa]
blesseren (ww)	пашкодзіць	[paʃ'kɔdzits]
blessure (letsel)	пашкоджанне (н)	[paʃ'kɔdʒaŋɛ]
wond (de)	рана (ж)	['rana]
trauma (het)	траўма (ж)	['trauma]

IJlen (ww)	трызніць	['trɪzʲnits]
stotteren (ww)	заікацца	[zai'katsa]
zonnesteek (de)	сонечны ўдар (м)	['sɔnɛtʃnɪ u'dar]

65. Symptomen. Behandelingen. Deel 2

| pijn (de) | боль (м) | [bɔʎ] |
| splinter (de) | стрэмка (ж) | ['strɛmka] |

zweet (het)	пот (м)	[pɔt]
zweten (ww)	пацець	[pa'tsɛts]
braking (de)	ваніты (мн)	[va'nitɪ]
stuiptrekkingen (mv.)	сутаргі (ж мн)	['sutarɣi]

zwanger (bn)	цяжарная	[tsʲa'ʒarnaja]
geboren worden (ww)	нарадзіцца	[nara'dzitsa]
geboorte (de)	роды (мн)	['rɔdɪ]
baren (ww)	нараджаць	[nara'dʒats]
abortus (de)	аборт (м)	[a'bɔrt]

ademhaling (de)	дыханне (н)	[dɪ'haŋɛ]
inademing (de)	удых (м)	[u'dɪh]
uitademing (de)	выдых (м)	['vɪdɪh]
uitademen (ww)	выдыхнуць	['vɪdɪhnuts]
inademen (ww)	зрабіць удых	[zra'bits u'dɪh]

invalide (de)	інвалід (м)	[inva'lit]
gehandicapte (de)	калека (м, ж)	[ka'lɛka]
drugsverslaafde (de)	наркаман (м)	[narka'man]

doof (bn)	глухі	[ɣlu'hi]
stom (bn)	нямы	[ɲa'mɪ]
doofstom (bn)	глуханямы	[ɣluhaɲa'mɪ]

krankzinnig (bn)	звар'яцелы	[zvarʲja'tsɛlɪ]
krankzinnige (man)	вар'ят (м)	[varʰʲjat]
krankzinnige (vrouw)	вар'ятка (ж)	[varʰʲjatka]
krankzinnig worden	звар'яцець	[zvarʲja'tsɛts]

gen (het)	ген (м)	[ɣɛn]
immuniteit (de)	імунітэт (м)	[imuni'tɛt]
erfelijk (bn)	спадчынны	['spatʃɪŋɪ]
aangeboren (bn)	прыроджаны	[prɪ'rɔdʒanɪ]
virus (het)	вірус (м)	['wirus]

microbe (de)	мікроб (м)	[mik'rɔp]
bacterie (de)	бактэрыя (ж)	[bak'tɛrɪja]
infectie (de)	інфекцыя (ж)	[in'fɛktsɪja]

66. Symptomen. Behandelingen. Deel 3

ziekenhuis (het)	бальніца (ж)	[baʎ'nitsa]
patiënt (de)	пацыент (м)	[patsɪ'ɛnt]
diagnose (de)	дыягназ (м)	[dɪ'jaɣnas]
genezing (de)	лячэнне (н)	[ʎa'tʃɛŋɛ]
onder behandeling zijn	лячыцца	[ʎa'tʃitsa]
behandelen (ww)	лячыць	[ʎa'tʃits]
zorgen (zieken ~)	даглядаць	[daɣʎa'dats]
ziekenzorg (de)	догляд (м)	['dɔɣʎat]
operatie (de)	аперацыя (ж)	[apɛ'ratsɪja]
verbinden (een arm ~)	перавязаць	[pɛravʲa'zats]
verband (het)	перавязванне (н)	[pɛra'vʲazvaŋɛ]
vaccin (het)	прышчэпка (ж)	[prɪʃ'tʃɛpka]
inenten (vaccineren)	рабіць прышчэпку	[ra'bits prɪʃ'tʃɛpku]
injectie (de)	укол (м)	[u'kɔl]
een injectie geven	рабіць укол	[ra'bits u'kɔl]
amputatie (de)	ампутацыя (ж)	[ampu'tatsɪja]
amputeren (ww)	ампутаваць	[amputa'vats]
coma (het)	кома (ж)	['kɔma]
in coma liggen	быць у коме	['bɪts u 'kɔmɛ]
intensieve zorg, ICU (de)	рэанімацыя (ж)	[rɛani'matsɪja]
zich herstellen (ww)	папраўляцца	[paprau'ʎatsa]
toestand (de)	стан (м)	[stan]
bewustzijn (het)	прытомнасць (ж)	[prɪ'tɔmnasʲts]
geheugen (het)	памяць (ж)	['pamʲats]
trekken (een kies ~)	вырываць	[vɪrɪ'vats]
vulling (de)	пломба (ж)	['plɔmba]
vullen (ww)	пламбіраваць	[plambira'vats]
hypnose (de)	гіпноз (м)	[ɣip'nɔs]
hypnotiseren (ww)	гіпнатызаваць	[ɣipnatɪza'vats]

67. Geneeskunde. Medicijnen. Accessoires

geneesmiddel (het)	лякарства (н)	[ʎa'karstva]
middel (het)	сродак (м)	['srɔdak]
voorschrijven (ww)	прапісаць	[prapi'sats]
recept (het)	рэцэпт (м)	[rɛ'tsɛpt]
tablet (de/het)	таблетка (ж)	[tab'lɛtka]
zalf (de)	мазь (ж)	[masʲ]

ampul (de)	ампула (ж)	['ampula]
drank (de)	мікстура (ж)	[miks'tura]
siroop (de)	сіроп (м)	[si'rɔp]
pil (de)	пілюля (ж)	[pi'lyʎa]
poeder (de/het)	парашок (м)	[para'ʃɔk]

verband (het)	бінт (м)	[bint]
watten (mv.)	вата (ж)	['vata]
jodium (het)	ёд (м)	[ɜt]

pleister (de)	лейкапластыр (м)	[lɛjkap'lastɪr]
pipet (de)	піпетка (ж)	[pi'pɛtka]
thermometer (de)	градуснік (м)	['ɣradusʲnik]
spuit (de)	шпрыц (м)	[ʃprɪts]

rolstoel (de)	каляска (ж)	[ka'ʎaska]
krukken (mv.)	мыліцы (ж мн)	['mɪlitsɪ]

pijnstiller (de)	абязбольвальнае (н)	[abʲaz'bɔʎvaʎnaɛ]
laxeermiddel (het)	слабіцельнае (н)	[sla'bitsɛʎnaɛ]
spiritus (de)	спірт (м)	[sʲpirt]
medicinale kruiden (mv.)	трава (ж)	[tra'va]
kruiden- (abn)	травяны	[travʲa'nɪ]

APPARTEMENT

68. Appartement

appartement (het)	кватэра (ж)	[kva'tɛra]
kamer (de)	пакой (м)	[pa'kɔj]
slaapkamer (de)	спальня (ж)	['spaʎɲa]
eetkamer (de)	сталоўка (ж)	[sta'louka]
salon (de)	гасцёўня (ж)	[ɣasⁱ'ʦɜuɲa]
studeerkamer (de)	кабінет (м)	[kabi'nɛt]
gang (de)	вітальня (ж)	[wi'taʎɲa]
badkamer (de)	ванны пакой (м)	['vaɳɪ pa'kɔj]
toilet (het)	прыбіральня (ж)	[prɪbi'raʎɲa]
plafond (het)	столь (ж)	[stɔʎ]
vloer (de)	падлога (ж)	[pad'lɔɣa]
hoek (de)	кут (м)	[kut]

69. Meubels. Interieur

meubels (mv.)	мэбля (ж)	['mɛbʎa]
tafel (de)	стол (м)	[stɔl]
stoel (de)	крэсла (н)	['krɛsla]
bed (het)	ложак (м)	['lɔʒak]
bankstel (het)	канапа (ж)	[ka'napa]
fauteuil (de)	фатэль (м)	[fa'tɛʎ]
boekenkast (de)	шафа (ж)	['ʃafa]
boekenrek (het)	паліца (ж)	[pa'litsa]
stellingkast (de)	этажэрка (ж)	[ɛta'ʒɛrka]
kledingkast (de)	шафа (ж)	['ʃafa]
kapstok (de)	вешалка (ж)	['wɛʃalka]
staande kapstok (de)	вешалка (ж)	['wɛʃalka]
commode (de)	камода (ж)	[ka'mɔda]
salontafeltje (het)	часопісны столік (м)	[ʧa'sɔpisnɪ 'stɔlik]
spiegel (de)	люстэрка (н)	[lys'tɛrka]
tapijt (het)	дыван (м)	[dɪ'van]
tapijtje (het)	дыванок (м)	[dɪva'nɔk]
haard (de)	камін (м)	[ka'min]
kaars (de)	свечка (ж)	['sⁱwɛʧka]
kandelaar (de)	падсвечнік (м)	[patsⁱ'wɛʧnik]
gordijnen (mv.)	шторы (мн)	['ʃtɔrɪ]
behang (het)	шпалеры (ж мн)	[ʃpa'lɛrɪ]

jaloezie (de)	жалюзі (мн)	[ʒaly'zi]
bureaulamp (de)	настольная лямпа (ж)	[nas'tɔʎnaja 'ʎampa]
wandlamp (de)	свяцільня (ж)	[sʲvʲa'tsiʎna]
staande lamp (de)	таршэр (м)	[tar'ʃɛr]
luchter (de)	люстра (ж)	['lystra]
poot (ov. een tafel, enz.)	ножка (ж)	['nɔʃka]
armleuning (de)	падлакотнік (м)	[padla'kɔtnik]
rugleuning (de)	спінка (ж)	['sʲpiŋka]
la (de)	шуфляда (ж)	[ʃuf'ʎada]

70. Beddengoed

beddengoed (het)	бялізна (ж)	[bʲa'lizna]
kussen (het)	падушка (ж)	[pa'duʃka]
kussenovertrek (de)	навалочка (ж)	[nava'lɔtʃka]
deken (de)	коўдра (ж)	['kɔudra]
laken (het)	прасціна (ж)	[prasʲtsi'na]
sprei (de)	пакрывала (н)	[pakrı'vala]

71. Keuken

keuken (de)	кухня (ж)	['kuhɲa]
gas (het)	газ (м)	[ɣas]
gasfornuis (het)	пліта (ж) газавая	[pli'ta 'ɣazavaja]
elektrisch fornuis (het)	пліта (ж) электрычная	[pli'ta ɛlɛkt'rıtʃnaja]
oven (de)	духоўка (ж)	[du'hɔuka]
magnetronoven (de)	мікрахвалевая печ (ж)	[mikrah'valɛvaja 'pɛtʃ]
koelkast (de)	халадзільнік (м)	[hala'dziʎnik]
diepvriezer (de)	маразілка (ж)	[mara'zilka]
vaatwasmachine (de)	пасудамыечная машына (ж)	[pasuda'mıɛtʃnaja ma'ʃına]
vleesmolen (de)	мясарубка (ж)	[mʲasa'rupka]
vruchtenpers (de)	сокавыціскалка (ж)	[sɔkavıtsis'kalka]
toaster (de)	тостэр (м)	['tɔstɛr]
mixer (de)	міксер (м)	['miksɛr]
koffiemachine (de)	кававарка (ж)	[kava'varka]
koffiepot (de)	кафейнік (м)	[ka'fɛjnik]
koffiemolen (de)	кавамолка (ж)	[kava'mɔlka]
fluitketel (de)	чайнік (м)	['tʃajnik]
theepot (de)	імбрычак (м)	[imb'rıtʃak]
deksel (de/het)	накрыўка (ж)	['nakrıuka]
theezeefje (het)	сітца (н)	['sitsa]
lepel (de)	лыжка (ж)	['lıʃka]
theelepeltje (het)	чайная лыжка (ж)	['tʃajnaja 'lıʃka]
eetlepel (de)	сталовая лыжка (ж)	[sta'lovaja 'lıʃka]
vork (de)	відэлец (м)	[wi'dɛlɛts]

mes (het)	нож (м)	[nɔʃ]
vaatwerk (het)	посуд (м)	['pɔsut]
bord (het)	талерка (ж)	[ta'lɛrka]
schoteltje (het)	сподак (м)	['spɔdak]

likeurglas (het)	чарка (ж)	['tʃarka]
glas (het)	шклянка (ж)	['ʃkʎaŋka]
kopje (het)	кубак (м)	['kubak]

suikerpot (de)	цукарніца (ж)	['tsukarnitsa]
zoutvat (het)	салянка (ж)	[sa'ʎaŋka]
pepervat (het)	перачніца (ж)	['pɛratʃnitsa]
boterschaaltje (het)	масленіца (ж)	['masʲlɛnitsa]

steelpan (de)	рондаль (м)	['rɔndaʎ]
bakpan (de)	патэльня (ж)	[pa'tɛʎɲa]
pollepel (de)	апалонік (м)	[apa'lɔnik]
vergiet (de/het)	друшляк (м)	[druʃ'ʎak]
dienblad (het)	паднос (м)	[pad'nɔs]

fles (de)	бутэлька (ж)	[bu'tɛʎka]
glazen pot (de)	слоік (м)	['slɔik]
blik (conserven~)	бляшанка (ж)	[bʎa'ʃaŋka]

flesopener (de)	адкрывалка (ж)	[atkrɪ'valka]
blikopener (de)	адкрывалка (ж)	[atkrɪ'valka]
kurkentrekker (de)	штопар (м)	['ʃtɔpar]
filter (de/het)	фільтр (м)	[fiʎtr]
filteren (ww)	фільтраваць	[fiʎtra'vatsʲ]

| huisvuil (het) | смецце (н) | ['sʲmɛtsɛ] |
| vuilnisemmer (de) | вядро (н) для смецця | [vʲad'rɔ dʎa 'sʲmɛtsʲa] |

72. Badkamer

badkamer (de)	ванны пакой (м)	['vaŋɪ pa'kɔj]
water (het)	вада (ж)	[va'da]
kraan (de)	кран (м)	[kran]
warm water (het)	гарачая вада (ж)	[ɣa'ratʃaja va'da]
koud water (het)	халодная вада (ж)	[ha'lɔdnaja va'da]

| tandpasta (de) | зубная паста (ж) | [zub'naja 'pasta] |
| tanden poetsen (ww) | чысціць зубы | ['tʃɪsʲtsidzʲ zu'bɪ] |

zich scheren (ww)	галіцца	[ɣa'litsa]
scheercrème (de)	пена (ж) для галення	['pɛna dʎa ɣa'lɛɲja]
scheermes (het)	брытва (ж)	['brɪtva]

wassen (ww)	мыць	[mɪtsʲ]
een bad nemen	мыцца	['mɪtsa]
douche (de)	душ (м)	[duʃ]
een douche nemen	прымаць душ	[prɪ'madzʲ 'duʃ]
bad (het)	ванна (ж)	['vaŋa]
toiletpot (de)	унітаз (м)	[uni'tas]

wastafel (de)	ракавіна (ж)	['rakawina]
zeep (de)	мыла (н)	['mıla]
zeepbakje (het)	мыльніца (ж)	['mıʌnitsa]

spons (de)	губка (ж)	['ɣupka]
shampoo (de)	шампунь (ж)	[ʃam'puɲ]
handdoek (de)	ручнік (м)	[rutʃ'nik]
badjas (de)	халат (м)	[ha'lat]

was (bijv. handwas)	мыццё (н)	[mı'tsɜ]
wasmachine (de)	пральная машына (ж)	['praʌnaja ma'ʃına]
de was doen	мыць бялізну	['mıdzⁱ bⁱa'liznu]
waspoeder (de)	пральны парашок (м)	['praʌnı para'ʃɔk]

73. Huishoudelijke apparaten

televisie (de)	тэлевізар (м)	[tɛlɛ'wizar]
cassettespeler (de)	магнітафон (м)	[maɣnita'fɔn]
videorecorder (de)	відэамагнітафон (м)	[widɛamaɣnita'fɔn]
radio (de)	прыёмнік (м)	[prıɜmnik]
speler (de)	плэер (м)	['plɛ:r]

videoprojector (de)	відэапраектар (м)	[widɛapra'ɛktar]
home theater systeem (het)	хатні кінатэатр (м)	['hatni kinatɛ'atr]
DVD-speler (de)	прайгравальнік (м) DVD	[prajɣra'vaʌniɣ dziwi'dzi]
versterker (de)	узмацняльнік (м)	[uzmats'ɲaʌnik]
spelconsole (de)	гульнявая прыстаўка (ж)	[ɣuʌɲa'vaja prıs'tauka]

videocamera (de)	відэакамера (ж)	[widɛa'kamɛra]
fotocamera (de)	фотаапарат (м)	[fɔta:pa'rat]
digitale camera (de)	лічбавы фотаапарат (м)	['lidʒbavı fɔta:pa'rat]

stofzuiger (de)	пыласос (м)	[pıla'sɔs]
strijkijzer (het)	прас (м)	[pras]
strijkplank (de)	прасавальная дошка (ж)	[prasa'vaʌnaja 'dɔʃka]

telefoon (de)	тэлефон (м)	[tɛlɛ'fɔn]
mobieltje (het)	мабільны тэлефон (м)	[ma'biʌnı tɛlɛ'fɔn]
schrijfmachine (de)	машынка (ж)	[ma'ʃıŋka]
naaimachine (de)	машынка (ж)	[ma'ʃıŋka]

microfoon (de)	мікрафон (м)	[mikra'fɔn]
koptelefoon (de)	навушнікі (м мн)	[na'vuʃniki]
afstandsbediening (de)	пульт (м)	[puʌt]

CD (de)	кампакт-дыск (м)	[kam'paɣd 'dısk]
cassette (de)	касета (ж)	[ka'sɛta]
vinylplaat (de)	пласцінка (ж)	[plasⁱ'tsiŋka]

DE AARDE. WEER

74. De kosmische ruimte

kosmos (de)	космас (м)	['kɔsmas]
kosmisch (bn)	касмічны	[kasʲ'mitʃnɪ]
kosmische ruimte (de)	касмічная прастора (ж)	[kasʲ'mitʃnaja pras'tɔra]
wereld (de)	свет (м)	[sʲwɛt]
heelal (het)	сусвет (м)	[susʲ'wɛt]
sterrenstelsel (het)	галактыка (ж)	[ɣa'laktɪka]
ster (de)	зорка (ж)	['zɔrka]
sterrenbeeld (het)	сузор'е (н)	[su'zɔrʰɛ]
planeet (de)	планета (ж)	[pla'nɛta]
satelliet (de)	спадарожнік (м)	[spada'rɔʒnik]
meteoriet (de)	метэарыт (м)	[mɛtɛa'rɪt]
komeet (de)	камета (ж)	[ka'mɛta]
asteroïde (de)	астэроід (м)	[astɛ'rɔit]
baan (de)	арбіта (ж)	[ar'bita]
draaien (om de zon, enz.)	круціцца	[kru'tsitsa]
atmosfeer (de)	атмасфера (ж)	[atmas'fɛra]
Zon (de)	Сонца (н)	['sɔntsa]
zonnestelsel (het)	Сонечная сістэма (ж)	['sɔnɛtʃnaja sis'tɛma]
zonsverduistering (de)	сонечнае зацьменне (н)	['sɔnɛtʃnaɛ zatsʲ'mɛɲɛ]
Aarde (de)	Зямля (ж)	[zʲam'ʎa]
Maan (de)	Месяц (м)	['mɛsʲats]
Mars (de)	Марс (м)	[mars]
Venus (de)	Венера (ж)	[wɛ'nɛra]
Jupiter (de)	Юпітэр (м)	[ju'pitɛr]
Saturnus (de)	Сатурн (м)	[sa'turn]
Mercurius (de)	Меркурый (м)	[mɛr'kurɪj]
Uranus (de)	Уран (м)	[u'ran]
Neptunus (de)	Нептун (м)	[nɛp'tun]
Pluto (de)	Плутон (м)	[plu'tɔn]
Melkweg (de)	Млечны Шлях (м)	['mlɛtʃnɪ 'ʃʎah]
Grote Beer (de)	Вялікая Мядзведзіца (ж)	[vʲa'likaja mʲadzʲ'wɛdzitsa]
Poolster (de)	Палярная зорка (ж)	[pa'ʎarnaja 'zɔrka]
marsmannetje (het)	марсіянін (м)	[marsi'janin]
buitenaards wezen (het)	іншапланецянін (м)	[inʃaplanɛ'tsʲanin]
bovenaards (het)	прышэлец (м)	[prɪ'ʃɛlɛts]
vliegende schotel (de)	лятаючая талерка (ж)	[ʎa'tajutʃaja ta'lɛrka]
ruimtevaartuig (het)	касмічны карабель (м)	[kasʲ'mitʃnɪ kara'bɛʎ]

ruimtestation (het)	арбітальная станцыя (ж)	[arbi'taʌnaja 'stantsɪja]
start (de)	старт (м)	[start]
motor (de)	рухавік (м)	[ruha'wik]
straalpijp (de)	сапло (н)	[sap'lɔ]
brandstof (de)	паліва (н)	['paliva]

cabine (de)	кабіна (ж)	[ka'bina]
antenne (de)	антэна (ж)	[an'tɛna]
patrijspoort (de)	ілюмінатар (м)	[ilymi'natar]
zonnebatterij (de)	сонечная батарэя (ж)	['sɔnɛtʃnaja bata'rɛja]
ruimtepak (het)	скафандр (м)	[ska'fandr]

gewichtloosheid (de)	бязважкасць (ж)	[bʲaz'vaʃkasʲts]
zuurstof (de)	кісларод (м)	[kisla'rɔt]
koppeling (de)	стыкоўка (ж)	[stɪ'kɔuka]
koppeling maken	выконваць стыкоўку	[vɪ'kɔnvats stɪ'kɔuku]

observatorium (het)	абсерваторыя (ж)	[apsɛrva'tɔrɪja]
telescoop (de)	тэлескоп (м)	[tɛlɛs'kɔp]
waarnemen (ww)	назіраць	[nazi'rats]
exploreren (ww)	даследаваць	[dasʲ'lɛdavats]

75. De Aarde

Aarde (de)	Зямля (ж)	[zʲam'ʌa]
aardbol (de)	зямны шар (м)	[zʲam'nɪ 'ʃar]
planeet (de)	планета (ж)	[pla'nɛta]

atmosfeer (de)	атмасфера (ж)	[atmas'fɛra]
aardrijkskunde (de)	геаграфія (ж)	[ɣɛaɣ'rafija]
natuur (de)	прырода (ж)	[prɪ'rɔda]

wereldbol (de)	глобус (м)	['ɣlɔbus]
kaart (de)	карта (ж)	['karta]
atlas (de)	атлас (м)	[at'las]

Europa (het)	Еўропа	[ɛu'rɔpa]
Azië (het)	Азія	['azija]
Afrika (het)	Афрыка	['afrɪka]
Australië (het)	Аўстралія	[aust'ralija]

Amerika (het)	Амерыка	[a'mɛrɪka]
Noord-Amerika (het)	Паўночная Амерыка	[pau'nɔtʃnaja a'mɛrɪka]
Zuid-Amerika (het)	Паўднёвая Амерыка	[paud'nɔvaja a'mɛrɪka]

| Antarctica (het) | Антарктыда | [antark'tɪda] |
| Arctis (de) | Арктыка | ['arktɪka] |

76. Windrichtingen

| noorden (het) | поўнач (ж) | ['pɔunatʃ] |
| naar het noorden | на поўнач | [na 'pɔunatʃ] |

in het noorden	на поўначы	[na 'pɔunatʃɪ]
noordelijk (bn)	паўночны	[pau'nɔtʃnɪ]
zuiden (het)	поўдзень (м)	['pɔudzɛɲ]
naar het zuiden	на поўдзень	[na 'pɔudzɛɲ]
in het zuiden	на поўдні	[na 'pɔudni]
zuidelijk (bn)	паўднёвы	[paud'nɜvɪ]
westen (het)	захад (м)	['zahat]
naar het westen	на захад	[na 'zahat]
in het westen	на захадзе	[na 'zahadzɛ]
westelijk (bn)	заходні	[za'hɔdni]
oosten (het)	усход (м)	[us'hɔt]
naar het oosten	на ўсход	[na us'hɔt]
in het oosten	на ўсходзе	[na us'hɔdzɛ]
oostelijk (bn)	усходні	[us'hɔdni]

77. Zee. Oceaan

zee (de)	мора (н)	['mɔra]
oceaan (de)	акіян (м)	[aki'jan]
golf (baai)	заліў (м)	[za'liu]
straat (de)	праліў (м)	[pra'liu]
continent (het)	мацярык (м)	[matsʲa'rɪk]
eiland (het)	востраў (м)	['vɔstrau]
schiereiland (het)	паўвостраў (м)	[pau'vɔstrau]
archipel (de)	архіпелаг (м)	[arhipɛ'lah]
baai, bocht (de)	бухта (ж)	['buhta]
haven (de)	гавань (ж)	['ɣavaɲ]
lagune (de)	лагуна (ж)	[la'ɣuna]
kaap (de)	мыс (м)	[mɪs]
atol (de)	атол (м)	[a'tɔl]
rif (het)	рыф (м)	[rɪf]
koraal (het)	карал (м)	[ka'ral]
koraalrif (het)	каралавы рыф (м)	[ka'ralavɪ 'rɪf]
diep (bn)	глыбокі	[ɣlɪ'bɔki]
diepte (de)	глыбіня (ж)	[ɣlɪbi'ɲa]
diepzee (de)	бездань (ж)	['bɛzdaɲ]
trog (bijv. Marianentrog)	упадзіна (ж)	[u'padzina]
stroming (de)	плынь (ж)	[plɪɲ]
omspoelen (ww)	абмываць	[abmɪ'vatsʲ]
oever (de)	бераг (м)	['bɛrah]
kust (de)	узбярэжжа (н)	[uzʲbʲa'rɛʐa]
vloed (de)	прыліў (м)	[prɪ'liu]
eb (de)	адліў (м)	[ad'liu]
ondiepte (ondiep water)	водмель (ж)	['vɔdmɛʎ]

bodem (de)	дно (н)	[dnɔ]
golf (hoge ~)	хваля (ж)	['hvaʎa]
golfkam (de)	грэбень (м) хвалі	['ɣrɛbɛɲ 'hvali]
schuim (het)	пена (ж)	['pɛna]

orkaan (de)	ураган (м)	[ura'ɣan]
tsunami (de)	цунамі (н)	[tsu'nami]
windstilte (de)	штыль (м)	[ʃtɪʎ]
kalm (bijv. ~e zee)	спакойны	[spa'kɔjnɪ]

pool (de)	полюс (м)	['pɔlys]
polair (bn)	палярны	[pa'ʎarnɪ]

breedtegraad (de)	шырата (ж)	[ʃɪra'ta]
lengtegraad (de)	даўгата (ж)	[dauɣa'ta]
parallel (de)	паралель (ж)	[para'lɛʎ]
evenaar (de)	экватар (м)	[ɛk'vatar]

hemel (de)	неба (н)	['nɛba]
horizon (de)	гарызонт (м)	[ɣarɪ'zɔnt]
lucht (de)	паветра (н)	[pa'wɛtra]

vuurtoren (de)	маяк (м)	[ma'jak]
duiken (ww)	ныраць	[nɪ'rats]
zinken (ov. een boot)	затануць	[zata'nuts]
schatten (mv.)	скарбы (м мн)	['skarbɪ]

78. Namen van zeeën en oceanen

Atlantische Oceaan (de)	Атлантычны акіян (м)	[atlan'tɪtʃnɪ aki'jan]
Indische Oceaan (de)	Індыйскі акіян (м)	[in'dɪjski aki'jan]
Stille Oceaan (de)	Ціхі акіян (м)	['tsihi aki'jan]
Noordelijke IJszee (de)	Паўночны Ледавіты акіян (м)	[pau'nɔtʃnɪ lɛda'witɪ aki'jan]

Zwarte Zee (de)	Чорнае мора (н)	['tʃɔrnaɛ 'mɔra]
Rode Zee (de)	Чырвонае мора (н)	[tʃɪr'vɔnaɛ 'mɔra]
Gele Zee (de)	Жоўтае мора (н)	['ʒɔutaɛ 'mɔra]
Witte Zee (de)	Белае мора (н)	['bɛlaɛ 'mɔra]

Kaspische Zee (de)	Каспійскае мора (н)	[kasʲ'pijskaɛ 'mɔra]
Dode Zee (de)	Мёртвае мора (н)	['mɔrtvaɛ 'mɔra]
Middellandse Zee (de)	Міжземнае мора (н)	[miʒ'zɛmnaɛ 'mɔra]

Egeïsche Zee (de)	Эгейскае мора (н)	[ɛ'ɣɛjskaɛ 'mɔra]
Adriatische Zee (de)	Адрыятычнае мора (н)	[adrɪja'tɪtʃnaɛ 'mɔra]

Arabische Zee (de)	Аравійскае мора (н)	[ara'wijskaɛ 'mɔra]
Japanse Zee (de)	Японскае мора (н)	[ja'pɔnskaɛ 'mɔra]
Beringzee (de)	Берынгава мора (н)	['bɛrɪŋava 'mɔra]
Zuid-Chinese Zee (de)	Паўднёва-Кітайскае мора (н)	[paud'nɔva ki'tajskaɛ 'mɔra]

Koraalzee (de)	Каралавае мора (н)	[ka'ralavaɛ 'mɔra]
Tasmanzee (de)	Тасманава мора (н)	[tas'manava 'mɔra]

Caribische Zee (de)	Карыбскае мора (н)	[ka'rɪpskaɛ 'mɔra]
Barentszzee (de)	Баранцава мора (н)	['barantsava 'mɔra]
Karische Zee (de)	Карскае мора (н)	['karskaɛ 'mɔra]

Noordzee (de)	Паўночнае мора (н)	[pau'nɔtʃnaɛ 'mɔra]
Baltische Zee (de)	Балтыйскае мора (н)	[bal'tɪjskaɛ 'mɔra]
Noorse Zee (de)	Нарвежскае мора (н)	[nar'wɛʃskaɛ 'mɔra]

79. Bergen

berg (de)	гара (ж)	[ɣa'ra]
bergketen (de)	горны ланцуг (м)	['ɣɔrnɪ lan'tsuh]
gebergte (het)	горны хрыбет (м)	['ɣɔrnɪ hrɪ'bɛt]

bergtop (de)	вяршыня (ж)	[vʲar'ʃɪɲa]
bergpiek (de)	пік (м)	[pik]
voet (ov. de berg)	падножжа (н)	[pad'nɔʐa]
helling (de)	схіл (м)	[shil]

vulkaan (de)	вулкан (м)	[vul'kan]
actieve vulkaan (de)	дзеючы вулкан (м)	['dzɛjutʃɪ vul'kan]
uitgedoofde vulkaan (de)	патухлы вулкан (м)	[pa'tuhlɪ vul'kan]

uitbarsting (de)	вывяржэнне (н)	[vɪvʲar'ʒɛɲɛ]
krater (de)	кратэр (м)	['kratɛr]
magma (het)	магма (ж)	['maɣma]

| lava (de) | лава (ж) | ['lava] |
| gloeiend (~e lava) | распалены | [ras'palɛnɪ] |

kloof (canyon)	каньён (м)	[ka'ɲjɔn]
bergkloof (de)	цясніна (ж)	[tsʲasʲ'nina]
spleet (de)	цясніна (ж)	[tsʲasʲ'nina]

| bergpas (de) | перавал (м) | [pɛra'val] |
| plateau (het) | плато (н) | [pla'tɔ] |

| klip (de) | скала (ж) | [ska'la] |
| heuvel (de) | узгорак (м) | [uz'ɣɔrak] |

| gletsjer (de) | ледавік (м) | [lɛda'wik] |
| waterval (de) | вадаспад (м) | [vadas'pat] |

| geiser (de) | гейзер (м) | ['ɣɛjzɛr] |
| meer (het) | возера (н) | ['vɔzɛra] |

vlakte (de)	раўніна (ж)	[rau'nina]
landschap (het)	краявід (м)	[kraja'wit]
echo (de)	рэха (н)	['rɛha]

alpinist (de)	альпініст (м)	[aʎpi'nist]
bergbeklimmer (de)	скалалаз (м)	[skala'las]
trotseren (berg ~)	авалодваць	[ava'lɔdvatsʲ]
beklimming (de)	узыходжанне (н)	[uzɪ'hɔdʒaɲɛ]

80. Bergen namen

Alpen (de)	Альпы (мн)	[ˈaʎpɪ]
Mont Blanc (de)	Манблан (м)	[manbˈlan]
Pyreneeën (de)	Пірэнеі (мн)	[pirɛˈnɛi]

Karpaten (de)	Карпаты (мн)	[karˈpatɪ]
Oeralgebergte (het)	Уральскія горы (мн)	[uˈraʎskija ˈɣɔrɪ]
Kaukasus (de)	Каўказ (м)	[kauˈkas]
Elbroes (de)	Эльбрус (м)	[ɛʎbˈrus]

Altaj (de)	Алтай (м)	[alˈtaj]
Tiensjan (de)	Цянь-Шань (м)	[tsʲaɲˈʃaɲ]
Pamir (de)	Памір (м)	[paˈmir]
Himalaya (de)	Гімалаі (мн)	[ɣimaˈlai]
Everest (de)	Эверэст (м)	[ɛwɛˈrɛst]

| Andes (de) | Анды (мн) | [ˈandɪ] |
| Kilimanjaro (de) | Кіліманджара (н) | [kilimanˈdʒara] |

81. Rivieren

rivier (de)	рака (ж)	[raˈka]
bron (~ van een rivier)	крыніца (ж)	[krɪˈnitsa]
riverbedding (de)	рэчышча (н)	[ˈrɛtʃɪʃʧa]
riverbekken (het)	басейн (м)	[baˈsɛjn]
uitmonden in ...	упадаць у ...	[upaˈdats u]

| zijrivier (de) | прыток (м) | [prɪˈtɔk] |
| oever (de) | бераг (м) | [ˈbɛrah] |

stroming (de)	плынь (ж)	[plɪɲ]
stroomafwaarts (bw)	уніз па цячэнню	[uˈnis pa tsʲaˈʧɛnju]
stroomopwaarts (bw)	уверх па цячэнню	[uˈwɛrh pa tsʲaˈʧɛnju]

overstroming (de)	паводка (ж)	[paˈvɔtka]
overstroming (de)	разводдзе (н)	[razˈvɔddzɛ]
buiten zijn oevers treden	разлівацца	[razʲliˈvatsa]
overstromen (ww)	затапляць	[zatapˈʎats]

| zandbank (de) | мель (ж) | [mɛʎ] |
| stroomversnelling (de) | парог (м) | [paˈrɔh] |

dam (de)	плаціна (ж)	[plaˈtsina]
kanaal (het)	канал (м)	[kaˈnal]
spaarbekken (het)	вадасховішча (н)	[vadasˈhɔwiʃʧa]
sluis (de)	шлюз (м)	[ʃlys]

waterlichaam (het)	вадаём (м)	[vadaɜm]
moeras (het)	балота (н)	[baˈlɔta]
broek (het)	багна (ж)	[ˈbaɣna]
draaikolk (de)	він (м)	[wir]
stroom (de)	ручай (м)	[ruˈʧaj]

| drink- (abn) | пітны | [pit'nɪ] |
| zoet (~ water) | прэсны | ['prɛsnɪ] |

| IJs (het) | лёд (м) | ['lɜt] |
| bevriezen (rivier, enz.) | замерзнуць | [za'mɛrznuts] |

82. Namen van rivieren

| Seine (de) | Сена (ж) | ['sɛna] |
| Loire (de) | Луара (ж) | [lu'ara] |

Theems (de)	Тэмза (ж)	['tɛmza]
Rijn (de)	Рэйн (м)	[rɛjn]
Donau (de)	Дунай (м)	[du'naj]

Wolga (de)	Волга (ж)	['vɔlɣa]
Don (de)	Дон (м)	[dɔn]
Lena (de)	Лена (ж)	['lɛna]

Gele Rivier (de)	Хуанхэ (н)	[huan'hɛ]
Blauwe Rivier (de)	Янцзы (н)	[jan'dzɪ]
Mekong (de)	Меконг (м)	[mɛ'kɔnh]
Ganges (de)	Ганг (м)	[ɣanh]

Nijl (de)	Ніл (м)	[nil]
Kongo (de)	Конга (н)	['kɔŋa]
Okavango (de)	Акаванга (ж)	[aka'vaŋa]
Zambezi (de)	Замбезі (ж)	[zam'bɛzi]
Limpopo (de)	Лімпапо (ж)	[limpa'pɔ]
Mississippi (de)	Місісіпі (ж)	[misi'sipi]

83. Bos

| bos (het) | лес (м) | [lɛs] |
| bos- (abn) | лясны | [ʎas'nɪ] |

oerwoud (dicht bos)	гушчар (м)	[ɣuʃ'tʃar]
bosje (klein bos)	гай (м)	[ɣaj]
open plek (de)	паляна (ж)	[pa'ʎana]

| struikgewas (het) | зараснікі (м мн) | ['zarasʲniki] |
| struiken (mv.) | хмызняк (м) | [hmɪzʲ'ɲak] |

| paadje (het) | сцяжынка (ж) | [sʲtsʲa'ʒɪŋka] |
| ravijn (het) | яр (м) | [jar] |

boom (de)	дрэва (н)	['drɛva]
blad (het)	ліст (м)	[list]
gebladerte (het)	лістота (ж)	[lis'tɔta]

| vallende bladeren (mv.) | лістапад (м) | [lista'pat] |
| vallen (ov. de bladeren) | ападаць | [apa'dats] |

boomtop (de)	верхавіна (ж)	[wɛrha'wina]
tak (de)	галіна (ж)	[ɣali'na]
ent (de)	сук (м)	[suk]
knop (de)	пупышка (ж)	[pu'pɪʃka]
naald (de)	шыпулька (ж)	[ʃɪ'puʎka]
dennenappel (de)	шышка (ж)	['ʃɪʃka]

boom holte (de)	дупло (н)	[dup'lɔ]
nest (het)	гняздо (н)	[ɣnaz'dɔ]
hol (het)	нара (ж)	[na'ra]

stam (de)	ствол (м)	[stvɔl]
wortel (bijv. boom~s)	корань (м)	['kɔraɲ]
schors (de)	кара (ж)	[ka'ra]
mos (het)	мох (м)	[mɔh]

ontwortelen (een boom)	карчаваць	[kartʃa'vats]
kappen (een boom ~)	сячы	[sʲa'tʃɪ]
ontbossen (ww)	высякаць	[vɪsʲa'kats]
stronk (de)	пень (м)	[pɛɲ]

kampvuur (het)	вогнішча (н)	['vɔɣniʃtʃa]
bosbrand (de)	пажар (м)	[pa'ʒar]
blussen (ww)	тушыць	[tu'ʃɪts]

boswachter (de)	ляснік (м)	[ʎasʲ'nik]
bescherming (de)	ахова (ж)	[a'hova]
beschermen (bijv. de natuur ~)	ахоўваць	[a'houvats]
stroper (de)	браканьер (м)	[braka'ɲjɛr]
val (de)	пастка (ж)	['pastka]

plukken (vruchten, enz.)	збіраць	[zʲbi'rats]
verdwalen (de weg kwijt zijn)	заблудзіць	[zablu'dzits]

84. Natuurlijke hulpbronnen

natuurlijke rijkdommen (mv.)	прыродныя рэсурсы (м мн)	[prɪ'rɔdnɪja rɛ'sursɪ]
delfstoffen (mv.)	карысныя выкапні (м мн)	[ka'rɪsnɪja 'vɪkapni]
lagen (mv.)	паклады (м мн)	[pak'ladɪ]
veld (bijv. olie~)	радовішча (н)	[ra'dɔwiʃtʃa]

winnen (uit erts ~)	здабываць	[zdabɪ'vats]
winning (de)	здабыча (ж)	[zda'bɪtʃa]
erts (het)	руда (ж)	[ru'da]
mijn (bijv. kolenmijn)	руднік (м)	[rud'nik]
mijnschacht (de)	шахта (ж)	['ʃahta]
mijnwerker (de)	шахцёр (м)	[ʃah'tsзr]

gas (het)	газ (м)	[ɣas]
gasleiding (de)	газаправод (м)	[ɣazapra'vɔt]

olie (aardolie)	нафта (ж)	['nafta]
olieleiding (de)	нафтаправод (м)	[naftapra'vɔt]

oliebron (de)	нафтавая вышка (ж)	['naftavaja 'vɪʃka]
boortoren (de)	буравая вышка (ж)	[bura'vaja 'vɪʃka]
tanker (de)	танкер (м)	['taŋkɛr]
zand (het)	пясок (м)	[pʲa'sɔk]
kalksteen (de)	вапняк (м)	[vap'ɲak]
grind (het)	жвір (м)	[ʒwir]
veen (het)	торф (м)	[tɔrf]
klei (de)	гліна (ж)	['ɣlina]
steenkool (de)	вугаль (м)	['vuɣaʎ]
IJzer (het)	жалеза (н)	[ʒa'lɛza]
goud (het)	золата (н)	['zɔlata]
zilver (het)	срэбра (н)	['srɛbra]
nikkel (het)	нікель (м)	['nikɛʎ]
koper (het)	медзь (ж)	[mɛts]
zink (het)	цынк (м)	[tsɪŋk]
mangaan (het)	марганец (м)	['marɣanɛts]
kwik (het)	ртуць (ж)	[rtuts]
lood (het)	свінец (м)	[sʲwi'nɛts]
mineraal (het)	мінерал (м)	[minɛ'ral]
kristal (het)	крышталь (м)	[krɪʃ'taʎ]
marmer (het)	мармур (м)	['marmur]
uraan (het)	уран (м)	[u'ran]

85. Weer

weer (het)	надвор'е (н)	[nad'vorʰɛ]
weersvoorspelling (de)	прагноз (м) надвор'я	[praɣ'nɔs nad'vorʰja]
temperatuur (de)	тэмпература (ж)	[tɛmpɛra'tura]
thermometer (de)	тэрмометр (м)	[tɛr'mɔmɛtr]
barometer (de)	барометр (м)	[ba'rɔmɛtr]
vochtigheid (de)	вільготнасць (ж)	[wiʎ'ɣɔtnasʲts]
hitte (de)	гарачыня (ж)	[ɣaratʃɪ'ɲa]
heet (bn)	гарачы	[ɣa'ratʃɪ]
het is heet	горача	['ɣɔratʃa]
het is warm	цёпла	['tsɜpla]
warm (bn)	цёплы	['tsɜplɪ]
het is koud	холадна	['hɔladna]
koud (bn)	халодны	[ha'lɔdnɪ]
zon (de)	сонца (н)	['sɔntsa]
schijnen (de zon)	свяціць	[sʲvʲa'tsits]
zonnig (~e dag)	сонечны	['sɔnɛtʃnɪ]
opgaan (ov. de zon)	узысці	[uzɪsʲ'tsi]
ondergaan (ww)	сесці	['sɛsʲtsi]
wolk (de)	воблака (н)	['vɔblaka]
bewolkt (bn)	воблачны	['vɔblatʃnɪ]

| regenwolk (de) | хмара (ж) | ['hmara] |
| somber (bn) | пахмурны | [pah'murnɪ] |

regen (de)	дождж (м)	[dɔʃʧ]
het regent	ідзе дождж	[i'dzɛ 'dɔʃʧ]
regenachtig (bn)	дажджлівы	[daʒdʒ'livɪ]
motregenen (ww)	імжыць	[im'ʒɪʦ]

plensbui (de)	праліўны дождж (м)	[praliu'nɪ 'dɔʃʧ]
stortbui (de)	лівень (м)	['liwɛɲ]
hard (bn)	моцны	['mɔʦnɪ]
plas (de)	лужына (ж)	['luʒɪna]
nat worden (ww)	мокнуць	['mɔknuʦ]

mist (de)	туман (м)	[tu'man]
mistig (bn)	туманны	[tu'manɪ]
sneeuw (de)	снег (м)	[sʲnɛh]
het sneeuwt	ідзе снег	[i'dzɛ 'sʲnɛh]

86. Zwaar weer. Natuurrampen

noodweer (storm)	навальніца (ж)	[navaʎ'niʦa]
bliksem (de)	маланка (ж)	[ma'laŋka]
flitsen (ww)	бліскаць	['bliskaʦ]

donder (de)	гром (м)	[ɣrɔm]
donderen (ww)	грымець	[ɣrɪ'mɛʦ]
het dondert	грыміць гром	[ɣrɪ'midzʲ 'ɣrɔm]

| hagel (de) | град (м) | [ɣrat] |
| het hagelt | ідзе град | [i'dzɛ 'ɣrat] |

| overstromen (ww) | затапіць | [zata'piʦ] |
| overstroming (de) | паводка (ж) | [pa'vɔtka] |

aardbeving (de)	землятрус (м)	[zɛmʎat'rus]
aardschok (de)	штуршок (м)	[ʃtur'ʃɔk]
epicentrum (het)	эпіцэнтр (м)	[ɛpi'ʦɛntr]

| uitbarsting (de) | вывяржэнне (н) | [vɪvʲar'ʒɛɲɛ] |
| lava (de) | лава (ж) | ['lava] |

wervelwind (de)	смерч (м)	[sʲmɛrʧ]
windhoos (de)	тарнада (м)	[tar'nada]
tyfoon (de)	тайфун (м)	[taj'fun]

orkaan (de)	ураган (м)	[ura'ɣan]
storm (de)	бура (ж)	['bura]
tsunami (de)	цунамі (н)	[ʦu'nami]

cycloon (de)	цыклон (м)	[ʦɪk'lɔn]
onweer (het)	непагадзь (ж)	['nɛpaɣaʦ]
brand (de)	пажар (м)	[pa'ʒar]
ramp (de)	катастрофа (ж)	[katast'rɔfa]

meteoriet (de)	метэарыт (м)	[mɛtɛaˈrɪt]
lawine (de)	лавіна (ж)	[laˈwina]
sneeuwverschuiving (de)	абвал (м)	[abˈval]
sneeuwjacht (de)	мяцеліца (ж)	[mʲaˈtsɛlitsa]
sneeuwstorm (de)	завіруха (ж)	[zawiˈruha]

FAUNA

87. Zoogdieren. Roofdieren

roofdier (het)	драпежнік (м)	[dra'pɛʒnik]
tijger (de)	тыгр (м)	[tɪɣr]
leeuw (de)	леў (м)	['lɛu]
wolf (de)	воўк (м)	['vɔuk]
vos (de)	ліса (ж)	['lisa]
jaguar (de)	ягуар (м)	[jaɣu'ar]
luipaard (de)	леапард (м)	[lɛa'part]
jachtluipaard (de)	гепард (м)	[ɣɛ'part]
panter (de)	пантэра (ж)	[pan'tɛra]
poema (de)	пума (ж)	['puma]
sneeuwluipaard (de)	снежны барс (м)	['sʲnɛʒnɪ 'bars]
lynx (de)	рысь (ж)	[rɪsʲ]
coyote (de)	каёт (м)	[ka3t]
jakhals (de)	шакал (м)	[ʃa'kal]
hyena (de)	гіена (ж)	[ɣi'ɛna]

88. Wilde dieren

dier (het)	жывёліна (ж)	[ʒɪ'wɜlina]
beest (het)	звер (м)	[zʲwɛr]
eekhoorn (de)	вавёрка (ж)	[va'wɜrka]
egel (de)	вожык (м)	['vɔʒɪk]
haas (de)	заяц (м)	['zajaʦ]
konijn (het)	трус (м)	[trus]
das (de)	барсук (м)	[bar'suk]
wasbeer (de)	янот (м)	[ja'nɔt]
hamster (de)	хамяк (м)	[ha'mʲak]
marmot (de)	сурок (м)	[su'rɔk]
mol (de)	крот (м)	[krɔt]
muis (de)	мыш (ж)	[mɪʃ]
rat (de)	пацук (м)	[pa'ʦuk]
vleermuis (de)	кажан (м)	[ka'ʒan]
hermelijn (de)	гарнастай (м)	[ɣarnas'taj]
sabeldier (het)	собаль (м)	['sɔbaʎ]
marter (de)	куніца (ж)	[ku'niʦa]
wezel (de)	ласка (ж)	['laska]
nerts (de)	норка (ж)	['nɔrka]

| bever (de) | бабёр (м) | [ba'bɜr] |
| otter (de) | выдра (ж) | ['vɪdra] |

paard (het)	конь (м)	[kɔɲ]
eland (de)	лось (м)	[lɔsʲ]
hert (het)	алень (м)	[a'lɛɲ]
kameel (de)	вярблюд (м)	[vʲarb'lyt]

bizon (de)	бізон (м)	[bi'zɔn]
oeros (de)	зубр (м)	[zubr]
buffel (de)	буйвал (м)	['bujval]

zebra (de)	зебра (ж)	['zɛbra]
antilope (de)	антылопа (ж)	[antɪ'lɔpa]
ree (de)	казуля (ж)	[ka'zuʎa]
damhert (het)	лань (ж)	[laɲ]
gems (de)	сарна (ж)	['sarna]
everzwijn (het)	дзік (м)	[dzik]

walvis (de)	кіт (м)	[kit]
rob (de)	цюлень (м)	[tsy'lɛɲ]
walrus (de)	морж (м)	[mɔrʃ]
zeehond (de)	коцік (м)	['kotsik]
dolfijn (de)	дэльфін (м)	[dɛʎ'fin]

beer (de)	мядзведзь (м)	[mʲadzʲ'wɛts]
IJsbeer (de)	белы мядзведзь (м)	['bɛlɪ mʲadzʲ'wɛts]
panda (de)	панда (ж)	['panda]

aap (de)	малпа (ж)	['malpa]
chimpansee (de)	шымпанзэ (м)	[ʃɪmpan'zɛ]
orang-oetan (de)	арангутанг (м)	[araŋu'tanh]
gorilla (de)	гарыла (ж)	[ɣa'rɪla]
makaak (de)	макака (ж)	[ma'kaka]
gibbon (de)	гібон (м)	[ɣi'bɔn]

olifant (de)	слон (м)	[slɔn]
neushoorn (de)	насарог (м)	[nasa'rɔh]
giraffe (de)	жырафа (ж)	[ʒɪ'rafa]
nijlpaard (het)	бегемот (м)	[bɛɣɛ'mɔt]

| kangoeroe (de) | кенгуру (м) | [kɛŋu'ru] |
| koala (de) | каала (ж) | [ka'ala] |

mangoest (de)	мангуст (м)	[ma'ŋust]
chinchilla (de)	шыншыла (ж)	[ʃɪn'ʃɪla]
stinkdier (het)	скунс (м)	[skuns]
stekelvarken (het)	дзікабраз (м)	[dzikab'ras]

89. Huisdieren

poes (de)	кошка (ж)	['kɔʃka]
kater (de)	кот (м)	[kɔt]
hond (de)	сабака (м)	[sa'baka]

paard (het)	конь (м)	[kɔɲ]
hengst (de)	жарабец (м)	[ʒara'bɛts]
merrie (de)	кабыла (ж)	[ka'bɪla]

koe (de)	карова (ж)	[ka'rɔva]
stier (de)	бык (м)	[bɪk]
os (de)	вол (м)	[vɔl]

schaap (het)	авечка (ж)	[a'wɛtʃka]
ram (de)	баран (м)	[ba'ran]
geit (de)	каза (ж)	[ka'za]
bok (de)	казёл (м)	[ka'zɔl]

| ezel (de) | асёл (м) | [a'sɔl] |
| muilezel (de) | мул (м) | [mul] |

varken (het)	свіння (ж)	[sʲwiˈɲʲa]
biggetje (het)	парася (н)	[paraˈsʲa]
konijn (het)	трус (м)	[trus]

| kip (de) | курыца (ж) | ['kurɪtsa] |
| haan (de) | певень (м) | ['pɛwɛɲ] |

eend (de)	качка (ж)	['katʃka]
woerd (de)	качар (м)	['katʃar]
gans (de)	гусь (ж)	[ɣusʲ]

| kalkoen haan (de) | індык (м) | [in'dɪk] |
| kalkoen (de) | індычка (ж) | [in'dɪtʃka] |

huisdieren (mv.)	свойская жывёла (ж)	['svɔjskaja ʒɪ'wɜla]
tam (bijv. hamster)	ручны	[rutʃ'nɪ]
temmen (tam maken)	прыручаць	[prɪruˈtʃats]
fokken (bijv. paarden ~)	выгадоўваць	[vɪɣaˈdɔuvats]

boerderij (de)	ферма (ж)	['fɛrma]
gevogelte (het)	свойская птушка (ж)	['svɔjskaja 'ptuʃka]
rundvee (het)	жывёла (ж)	[ʒɪ'wɜla]
kudde (de)	статак (м)	['statak]

paardenstal (de)	стайня (ж)	['stajɲa]
zwijnenstal (de)	свінарнік (м)	[sʲwiˈnarnik]
koeienstal (de)	кароўнік (м)	[ka'rɔunik]
konijnenhok (het)	трусятнік (м)	[truˈsʲatnik]
kippenhok (het)	куратнік (м)	[kuˈratnik]

90. Vogels

vogel (de)	птушка (ж)	['ptuʃka]
duif (de)	голуб (м)	['ɣɔlup]
mus (de)	верабей (м)	[wɛraˈbɛj]
koolmees (de)	сініца (ж)	[siˈnitsa]
ekster (de)	сарока (ж)	[saˈrɔka]
raaf (de)	крумкач (м)	[krumˈkatʃ]

kraai (de)	варона (ж)	[va'rɔna]
kauw (de)	галка (ж)	['ɣalka]
roek (de)	грак (м)	['ɣrak]

eend (de)	качка (ж)	['katʃka]
gans (de)	гусь (ж)	[ɣusʲ]
fazant (de)	фазан (м)	[fa'zan]

arend (de)	арол (м)	[a'rɔl]
havik (de)	ястраб (м)	['jastrap]
valk (de)	сокал (м)	['sɔkal]
gier (de)	грыф (м)	[ɣrɨf]
condor (de)	кондар (м)	['kɔndar]

zwaan (de)	лебедзь (м)	['lɛbɛts]
kraanvogel (de)	журавель (м)	[ʒura'wɛʎ]
ooievaar (de)	бусел (м)	['busɛl]

papegaai (de)	папугай (м)	[papu'ɣaj]
kolibrie (de)	калібры (м)	[ka'librɨ]
pauw (de)	паўлін (м)	[pau'lin]

struisvogel (de)	страус (м)	['straus]
reiger (de)	чапля (ж)	['tʃapʎa]
flamingo (de)	фламінга (м)	[fla'miŋa]
pelikaan (de)	пелікан (м)	[pɛli'kan]

| nachtegaal (de) | салавей (м) | [sala'wɛj] |
| zwaluw (de) | ластаўка (ж) | ['lastauka] |

lijster (de)	дрозд (м)	[drɔst]
zanglijster (de)	пеўчы дрозд (м)	['pɛutʃɨ 'drɔst]
merel (de)	чорны дрозд (м)	['tʃɔrnɨ 'drɔst]

gierzwaluw (de)	стрыж (м)	[strɨʃ]
leeuwerik (de)	жаваранак (м)	['ʒavaranak]
kwartel (de)	перапёлка (ж)	[pɛra'pɔlka]

specht (de)	дзяцел (м)	['dzʲatsɛl]
koekoek (de)	зязюля (ж)	[zʲa'zyʎa]
uil (de)	сава (ж)	[sa'va]
oehoe (de)	пугач (м)	[pu'ɣatʃ]
auerhoen (het)	глушэц (м)	[ɣlu'ʃɛts]
korhoen (het)	цецярук (м)	[tsɛtsʲa'ruk]
patrijs (de)	курапатка (ж)	[kura'patka]

spreeuw (de)	шпак (м)	[ʃpak]
kanarie (de)	канарэйка (ж)	[kana'rɛjka]
hazelhoen (het)	рабчык (м)	['raptʃɨk]

| vink (de) | зяблік (м) | ['zʲablik] |
| goudvink (de) | гіль (м) | [ɣiʎ] |

meeuw (de)	чайка (ж)	['tʃajka]
albatros (de)	альбатрос (м)	[aʎbat'rɔs]
pinguïn (de)	пінгвін (м)	[piŋ'win]

91. Vis. Zeedieren

brasem (de)	лешч (м)	[lɛʃʧ]
karper (de)	карп (м)	[karp]
baars (de)	акунь (м)	[aˈkuɲ]
meerval (de)	сом (м)	[sɔm]
snoek (de)	шчупак (м)	[ʃʧuˈpak]
zalm (de)	ласось (м)	[laˈsɔsʲ]
steur (de)	асетр (м)	[aˈsɛtr]
haring (de)	селядзец (м)	[sɛʎaˈdzɛʦ]
atlantische zalm (de)	сёмга (ж)	[ˈsɜmɣa]
makreel (de)	скумбрыя (ж)	[ˈskumbrɪja]
platvis (de)	камбала (ж)	[ˈkambala]
snoekbaars (de)	судак (м)	[suˈdak]
kabeljauw (de)	траска (ж)	[trasˈka]
tonijn (de)	тунец (м)	[tuˈnɛʦ]
forel (de)	стронга (ж)	[ˈstrɔŋa]
paling (de)	вугор (м)	[vuˈɣɔr]
sidderrog (de)	электрычны скат (м)	[ɛlɛktˈrɪʧnɪ ˈskat]
murene (de)	мурэна (ж)	[muˈrɛna]
piranha (de)	піранння (ж)	[piˈranja]
haai (de)	акула (ж)	[aˈkula]
dolfijn (de)	дэльфін (м)	[dɛʎˈfin]
walvis (de)	кіт (м)	[kit]
krab (de)	краб (м)	[krap]
kwal (de)	медуза (ж)	[mɛˈduza]
octopus (de)	васьміног (м)	[vasʲmiˈnɔh]
zeester (de)	марская зорка (ж)	[marsˈkaja ˈzɔrka]
zee-egel (de)	марскі вожык (м)	[marsˈki ˈvɔʒɪk]
zeepaardje (het)	марскі конік (м)	[marsˈki ˈkɔnik]
oester (de)	вустрыца (ж)	[ˈvustrɪʦa]
garnaal (de)	крэветка (ж)	[krɛˈvɛtka]
kreeft (de)	амар (м)	[aˈmar]
langoest (de)	лангуст (м)	[laˈŋust]

92. Amfibieën. Reptielen

slang (de)	змяя (ж)	[zʲmʲaˈja]
giftig (slang)	ядавіты	[jadaˈwitɪ]
adder (de)	гадзюка (ж)	[ɣaˈdzyka]
cobra (de)	кобра (ж)	[ˈkɔbra]
python (de)	пітон (м)	[piˈtɔn]
boa (de)	удаў (м)	[uˈdau]
ringslang (de)	вуж (м)	[vuʃ]

ratelslang (de)	грымучая змяя (ж)	[ɣrɪ'mutʃaja zʲmʲa'ja]
anaconda (de)	анаконда (ж)	[ana'kɔnda]
hagedis (de)	яшчарка (ж)	['jaʃtʃarka]
leguaan (de)	ігуана (ж)	[iɣu'ana]
varaan (de)	варан (м)	[va'ran]
salamander (de)	саламандра (ж)	[sala'mandra]
kameleon (de)	хамелеон (м)	[hamɛlɛ'ɔn]
schorpioen (de)	скарпіён (м)	[skarpiɜn]
schildpad (de)	чарапаха (ж)	[tʃara'paha]
kikker (de)	жаба (ж)	['ʒaba]
pad (de)	рапуха (ж)	[ra'puha]
krokodil (de)	кракадзіл (м)	[kraka'dzil]

93. Insecten

insect (het)	насякомае (н)	[nasʲa'kɔmaɛ]
vlinder (de)	матылёк (м)	[matɪ'lɜk]
mier (de)	мурашка (ж)	[mu'raʃka]
vlieg (de)	муха (ж)	['muha]
mug (de)	камар (м)	[ka'mar]
kever (de)	жук (м)	[ʒuk]
wesp (de)	аса (ж)	[a'sa]
bij (de)	пчала (ж)	[ptʃa'la]
hommel (de)	чмель (м)	[tʃmɛʎ]
horzel (de)	авадзень (м)	[ava'dzɛɲ]
spin (de)	павук (м)	[pa'vuk]
spinnenweb (het)	павуціна (ж)	[pavu'tsina]
libel (de)	страказа (ж)	[straka'za]
sprinkhaan (de)	конік (м)	['kɔnik]
nachtvlinder (de)	матыль (м)	[ma'tɪʎ]
kakkerlak (de)	таракан (м)	[tara'kan]
mijt (de)	клешч (м)	[klɛʃtʃ]
vlo (de)	блыха (ж)	[blɪ'ha]
kriebelmug (de)	мошка (ж)	['mɔʃka]
treksprinkhaan (de)	саранча (ж)	[saran'tʃa]
slak (de)	слімак (м)	[sʲli'mak]
krekel (de)	цвыркун (м)	[tsvɪr'kun]
glimworm (de)	светлячок (м)	[sʲwɛtʎa'tʃɔk]
lieveheersbeestje (het)	божая кароўка (ж)	['bɔʒaja ka'rɔuka]
meikever (de)	хрушч (м)	[hruʃtʃ]
bloedzuiger (de)	п'яўка (ж)	['pʰjauka]
rups (de)	вусень (м)	['vusɛɲ]
aardworm (de)	чарвяк (м)	[tʃar'vʲak]
larve (de)	чарвяк (м)	[tʃar'vʲak]

FLORA

94. Bomen

boom (de)	дрэва (н)	['drɛva]
loof- (abn)	ліставое	[lista'vɔɛ]
dennen- (abn)	хвойнае	['hvɔjnaɛ]
groenblijvend (bn)	вечназялёнае	[wɛʧnazʲa'lɜnaɛ]
appelboom (de)	яблыня (ж)	['jablɪɲa]
perenboom (de)	груша (ж)	['ɣruʃa]
zoete kers (de)	чарэшня (ж)	[ʧa'rɛʃɲa]
zure kers (de)	вішня (ж)	['wiʃɲa]
pruimelaar (de)	сліва (ж)	['sʲliva]
berk (de)	бяроза (ж)	[bʲa'rɔza]
eik (de)	дуб (м)	[dup]
linde (de)	ліпа (ж)	['lipa]
esp (de)	асіна (ж)	[a'sina]
esdoorn (de)	клён (м)	['klɜn]
spar (de)	елка (ж)	['ɛlka]
den (de)	сасна (ж)	[sas'na]
lariks (de)	лістоўніца (ж)	[lis'tɔuniʦa]
zilverspar (de)	піхта (ж)	['pihta]
ceder (de)	кедр (м)	[kɛdr]
populier (de)	таполя (ж)	[ta'pɔʎa]
lijsterbes (de)	рабіна (ж)	[ra'bina]
wilg (de)	вярба (ж)	[vʲar'ba]
els (de)	вольха (ж)	['vɔʎha]
beuk (de)	бук (м)	[buk]
iep (de)	вяз (м)	[vʲas]
es (de)	ясень (м)	['jasɛɲ]
kastanje (de)	каштан (м)	[kaʃtan]
magnolia (de)	магнолія (ж)	[maɣ'nɔlija]
palm (de)	пальма (ж)	['paʎma]
cipres (de)	кіпарыс (м)	[kipa'rɪs]
mangrove (de)	манграве дрэва (н)	['maɲravaɛ 'drɛva]
baobab (apenbroodboom)	баабаб (м)	[ba:'bap]
eucalyptus (de)	эўкаліпт (м)	[ɛuka'lipt]
mammoetboom (de)	секвоя (ж)	[sɛk'vɔja]

95. Heesters

struik (de)	куст (м)	[kust]
heester (de)	хмызняк (м)	[hmɪzʲ'ɲak]

| wijnstok (de) | вінаград (м) | [winaɣˈrat] |
| wijngaard (de) | вінаграднік (м) | [winaɣˈradnik] |

frambozenstruik (de)	маліны (ж мн)	[maˈlinɪ]
rode bessenstruik (de)	чырвоныя парэчкі (ж мн)	[ʧɪrˈvɔnɪja paˈrɛʧki]
kruisbessenstruik (de)	агрэст (м)	[aɣˈrɛst]

acacia (de)	акацыя (ж)	[aˈkaʦɪja]
zuurbes (de)	барбарыс (м)	[barbaˈrɪs]
jasmijn (de)	язмін (м)	[jazʲˈmin]

jeneverbes (de)	ядловец (м)	[jadˈlɔwɛʦ]
rozenstruik (de)	ружавы куст (м)	[ˈruʒavɪ kust]
hondsroos (de)	шыпшына (ж)	[ʃɪpˈʃɪna]

96. Vruchten. Bessen

appel (de)	яблык (м)	[ˈjablɪk]
peer (de)	груша (ж)	[ˈɣruʃa]
pruim (de)	сліва (ж)	[ˈsʲliva]
aardbei (de)	клубніцы (ж мн)	[klubˈnitsɪ]
zure kers (de)	вішня (ж)	[ˈwiʃna]
zoete kers (de)	чарэшня (ж)	[ʧaˈrɛʃna]
druif (de)	вінаград (м)	[winaɣˈrat]

framboos (de)	маліны (ж мн)	[maˈlinɪ]
zwarte bes (de)	чорныя парэчкі (ж мн)	[ˈʧɔrnɪja paˈrɛʧki]
rode bes (de)	чырвоныя парэчкі (ж мн)	[ʧɪrˈvɔnɪja paˈrɛʧki]
kruisbes (de)	агрэст (м)	[aɣˈrɛst]
veenbes (de)	журавіны (ж мн)	[ʒuraˈwinɪ]
sinaasappel (de)	апельсін (м)	[apɛʎˈsin]
mandarijn (de)	мандарын (м)	[mandaˈrɪn]
ananas (de)	ананас (м)	[anaˈnas]
banaan (de)	банан (м)	[baˈnan]
dadel (de)	фінік (м)	[ˈfinik]

citroen (de)	лімон (м)	[liˈmɔn]
abrikoos (de)	абрыкос (м)	[abrɪˈkɔs]
perzik (de)	персік (м)	[ˈpɛrsik]
kiwi (de)	ківі (м)	[ˈkiwi]
grapefruit (de)	грэйпфрут (м)	[ɣrɛjpfˈrut]

bes (de)	ягада (ж)	[ˈjaɣada]
bessen (mv.)	ягады (ж мн)	[ˈjaɣadɪ]
vossenbes (de)	брусніцы (ж мн)	[brusʲˈnitsɪ]
bosaardbei (de)	суніцы (ж мн)	[suˈnitsɪ]
bosbes (de)	чарніцы (ж мн)	[ʧarˈnitsɪ]

97. Bloemen. Planten

| bloem (de) | кветка (ж) | [ˈkwɛtka] |
| boeket (het) | букет (м) | [buˈkɛt] |

roos (de)	ружа (ж)	['ruʒa]
tulp (de)	цюльпан (м)	[tsyʎ'pan]
anjer (de)	гваздзік (м)	[ɣvazʲ'dzik]
gladiool (de)	гладыёлус (м)	[ɣladɪɜlus]

korenbloem (de)	валошка (ж)	[va'lɔʃka]
klokje (het)	званочак (м)	[zva'nɔtʃak]
paardenbloem (de)	дзьмухавец (м)	[dzʲmuha'wɛts]
kamille (de)	рамонак (м)	[ra'mɔnak]

aloë (de)	альяс (м)	[a'ʎjas]
cactus (de)	кактус (м)	['kaktus]
ficus (de)	фікус (м)	['fikus]

lelie (de)	лілея (ж)	[li'lɛja]
geranium (de)	герань (ж)	[ɣɛ'raɲ]
hyacint (de)	гіяцынт (м)	[ɣija'tsɪnt]

mimosa (de)	мімоза (ж)	[mi'mɔza]
narcis (de)	нарцыс (м)	[nar'tsɪs]
Oostindische kers (de)	настурка (ж)	[nas'turka]

orchidee (de)	архідэя (ж)	[arhi'dɛja]
pioenroos (de)	півоня (ж)	[pi'vɔɲa]
viooltje (het)	фіялка (ж)	[fi'jalka]

driekleurig viooltje (het)	браткі (мн)	['bratki]
vergeet-mij-nietje (het)	незабудка (ж)	[nɛza'butka]
madeliefje (het)	маргарытка (ж)	[marɣa'rɪtka]

papaver (de)	мак (м)	[mak]
hennep (de)	каноплі (мн)	[ka'nɔpli]
munt (de)	мята (ж)	['mʲata]

| lelietje-van-dalen (het) | ландыш (м) | ['landɪʃ] |
| sneeuwklokje (het) | падснежнік (м) | [patsʲ'nɛʒnik] |

brandnetel (de)	крапіва (ж)	[krapi'va]
veldzuring (de)	шчаўе (н)	['ʃtʃauɛ]
waterlelie (de)	гарлачык (м)	[ɣar'latʃɪk]
varen (de)	папараць (ж)	['paparats]
korstmos (het)	лішайнік (м)	[li'ʃajnik]

oranjerie (de)	аранжарэя (ж)	[aranʒa'rɛja]
gazon (het)	газон (м)	[ɣa'zɔn]
bloemperk (het)	клумба (ж)	['klumba]

plant (de)	расліна (ж)	[rasʲ'lina]
gras (het)	трава (ж)	[tra'va]
grasspriet (de)	травінка (ж)	[tra'wiŋka]

blad (het)	ліст (м)	[list]
bloemblad (het)	пялёстак (м)	[pʲa'lɜstak]
stengel (de)	сцябло (н)	[sʲtsʲab'lo]
knol (de)	клубень (м)	['klubɛɲ]
scheut (de)	расток (м)	[ras'tɔk]

doorn (de)	калючка (ж)	[ka'lytʃka]
bloeien (ww)	цвісці	[tswisʲ'tsi]
verwelken (ww)	вянуць	['vʲanuts]
geur (de)	пах (м)	[pah]
snijden (bijv. bloemen ~)	зразаць	[zra'zats]
plukken (bloemen ~)	сарваць	[sar'vats]

98. Granen, graankorrels

graan (het)	зерне (н)	['zɛrnɛ]
graangewassen (mv.)	зерневыя расліны (ж мн)	['zɛrnɛvʲja rasʲ'linɪ]
aar (de)	колас (м)	['kɔlas]

tarwe (de)	пшаніца (ж)	[pʃa'nitsa]
rogge (de)	жыта (н)	['ʒɪta]
haver (de)	авёс (м)	[a'wɜs]
gierst (de)	проса (н)	['prɔsa]
gerst (de)	ячмень (м)	[jatʃ'mɛɲ]

maïs (de)	кукуруза (ж)	[kuku'ruza]
rijst (de)	рыс (м)	[rɪs]
boekweit (de)	грэчка (ж)	['ɣrɛtʃka]

erwt (de)	гарох (м)	[ɣa'rɔh]
boon (de)	фасоля (ж)	[fa'sɔʎa]
soja (de)	соя (ж)	['sɔja]
linze (de)	сачавіца (ж)	[satʃa'witsa]
bonen (mv.)	боб (м)	[bɔp]

LANDEN VAN DE WERELD

99. Landen. Deel 1

Afghanistan (het)	Афганістан	[afɣanis'tan]
Albanië (het)	Албанія	[al'banija]
Argentinië (het)	Аргенціна	[arɣɛn'tsina]
Armenië (het)	Арменія	[ar'mɛnija]
Australië (het)	Аўстралія	[aust'ralija]
Azerbeidzjan (het)	Азербайджан	[azɛrbaj'dʒan]
Bahama's (mv.)	Багамскія астравы	[ba'ɣamskija astra'vi]
Bangladesh (het)	Бангладэш	[baŋla'dɛʃ]
België (het)	Бельгія	['bɛʎɣija]
Bolivia (het)	Балівія	[ba'liwija]
Bosnië en Herzegovina (het)	Боснія і Герцагавіна	['bɔsʲnija i ɣɛrtsaɣa'wina]
Brazilië (het)	Бразілія	[bra'zilija]
Bulgarije (het)	Балгарыя	[bal'ɣarija]
Cambodja (het)	Камбоджа	[kam'bɔdʒa]
Canada (het)	Канада	[ka'nada]
Chili (het)	Чылі	['ʧili]
China (het)	Кітай	[ki'taj]
Colombia (het)	Калумбія	[ka'lumbija]
Cuba (het)	Куба	['kuba]
Cyprus (het)	Кіпр	[kipr]
Denemarken (het)	Данія	['danija]
Dominicaanse Republiek (de)	Дамініканская Рэспубліка	[damini'kanskaja rɛs'publika]
Duitsland (het)	Германія	[ɣɛr'manija]
Ecuador (het)	Эквадор	[ɛkva'dor]
Egypte (het)	Егіпет	[ɛ'ɣipɛt]
Engeland (het)	Англія	['aŋlija]
Estland (het)	Эстонія	[ɛs'tonija]
Finland (het)	Фінляндыя	[fin'ʎandija]
Frankrijk (het)	Францыя	['frantsija]
Frans-Polynesië	Французская Палінезія	[fran'tsuskaja pali'nɛzija]
Georgië (het)	Грузія	['ɣruzija]
Ghana (het)	Гана	['ɣana]
Griekenland (het)	Грэцыя	['ɣrɛtsija]
Groot-Brittannië (het)	Вялікабрытанія	[vʲalikabrı'tanija]
Haïti (het)	Гаіці	[ɣa'itsi]
Hongarije (het)	Венгрыя	['wɛŋrija]
Ierland (het)	Ірландыя	[ir'landija]
IJsland (het)	Ісландыя	[is'landija]
India (het)	Індыя	['indija]
Indonesië (het)	Інданезія	[inda'nɛzija]

Irak (het)	Ірак	[i'rak]
Iran (het)	Іран	[i'ran]
Israël (het)	Ізраіль	[iz'raiʎ]
Italië (het)	Італія	[i'talija]

100. Landen. Deel 2

Jamaica (het)	Ямайка	[ja'majka]
Japan (het)	Японія	[ja'ponija]
Jordanië (het)	Іарданія	[iar'danija]
Kazakstan (het)	Казахстан	[kazahs'tan]
Kenia (het)	Кенія	['kɛnija]
Kirgizië (het)	Кыргызстан	[kɪrɣɪs'tan]
Koeweit (het)	Кувейт	[ku'wɛjt]

Kroatië (het)	Харватыя	[har'vatıja]
Laos (het)	Лаос	[la'ɔs]
Letland (het)	Латвія	['latwija]
Libanon (het)	Ліван	[li'van]
Libië (het)	Лівія	['liwija]
Liechtenstein (het)	Ліхтэнштэйн	[lihtɛnʃ'tɛjn]
Litouwen (het)	Літва	[lit'va]

Luxemburg (het)	Люксембург	[lyksɛm'burh]
Macedonië (het)	Македонія	[makɛ'dɔnija]
Madagaskar (het)	Мадагаскар	[madaɣas'kar]
Maleisië (het)	Малайзія	[ma'lajzija]
Malta (het)	Мальта	['maʎta]
Marokko (het)	Марока	[ma'rɔka]
Mexico (het)	Мексіка	['mɛksika]

Moldavië (het)	Малдова	[mal'dɔva]
Monaco (het)	Манака	[ma'naka]
Mongolië (het)	Манголія	[ma'ŋɔlija]
Montenegro (het)	Чарнагорыя	[ʧarna'ɣɔrıja]
Myanmar (het)	М'янма	['mʰjanma]
Namibië (het)	Намібія	[na'mibija]
Nederland (het)	Нідэрланды	[nidɛr'landı]

Nepal (het)	Непал	[nɛ'pal]
Nieuw-Zeeland (het)	Новая Зеландыя	['nɔvaja zɛ'landıja]
Noord-Korea (het)	Паўночная Карэя	[pau'nɔʧnaja ka'rɛja]
Noorwegen (het)	Нарвегія	[nar'wɛɣija]
Oekraïne (het)	Украіна	[ukra'ina]
Oezbekistan (het)	Узбекістан	[uzʲbɛkis'tan]
Oostenrijk (het)	Аўстрыя	['austrıja]

101. Landen. Deel 3

Pakistan (het)	Пакістан	[pakis'tan]
Palestijnse autonomie (de)	Палесцінская аўтаномія	[palɛsʲ'tsinskaja auta'nɔmija]
Panama (het)	Панама	[pa'nama]

Paraguay (het)	Парагвай	[paraɣ'vaj]
Peru (het)	Перу	[pɛ'ru]
Polen (het)	Польшча	['pɔʎʃʧa]
Portugal (het)	Партугалія	[partu'ɣalija]
Roemenië (het)	Румынія	[ru'mɪnija]

Rusland (het)	Расія	[ra'sija]
Saoedi-Arabië (het)	Саудаўская Аравія	[sa'udauskaja a'rawija]
Schotland (het)	Шатландыя	[ʃat'landɪja]
Senegal (het)	Сенегал	[sɛnɛ'ɣal]
Servië (het)	Сербія	['sɛrbija]
Slovenië (het)	Славенія	[sla'wɛnija]
Slowakije (het)	Славакія	[sla'vakija]
Spanje (het)	Іспанія	[is'panija]

Suriname (het)	Сурынам	[surɪ'nam]
Syrië (het)	Сірыя	['sirɪja]
Tadzjikistan (het)	Таджыкістан	[tadʒɪkis'tan]
Taiwan (het)	Тайвань	[taj'vaɲ]
Tanzania (het)	Танзанія	[tan'zanija]
Tasmanië (het)	Тасманія	[tas'manija]
Thailand (het)	Тайланд	[taj'lant]

Tsjechië (het)	Чэхія	['ʧɛhija]
Tunesië (het)	Туніс	[tu'nis]
Turkije (het)	Турцыя	['turtsɪja]
Turkmenistan (het)	Туркменістан	[turkmɛnis'tan]
Uruguay (het)	Уругвай	[uruɣ'vaj]
Vaticaanstad (de)	Ватыкан	[vatɪ'kan]
Venezuela (het)	Венесуэла	[wɛnɛsu'ɛla]
Verenigde Arabische Emiraten	Аб'яднаныя Арабскія Эміраты	[abʰjad'nanɪja a'rapskija ɛmi'ratɪ]

Verenigde Staten van Amerika	Злучаныя Штаты Амерыкі	['zluʧanɪja 'ʃtatɪ amɛrɪki]
Vietnam (het)	В'етнам	[vʰɛt'nam]
Wit-Rusland (het)	Беларусь	[bɛla'rusʲ]
Zanzibar (het)	Занзібар	[zanzi'bar]
Zuid-Afrika (het)	Паўднёва-Афрыканская Рэспубліка	[paud'nɔva afrɪ'kanskaja rɛs'publika]
Zuid-Korea (het)	Паўднёвая Карэя	[paud'nɔvaja ka'rɛja]
Zweden (het)	Швецыя	['ʃwɛtsɪja]
Zwitserland (het)	Швейцарыя	[ʃwɛj'tsarɪja]

www.ingramcontent.com/pod-product-compliance
Lightning Source LLC
Chambersburg PA
CBHW071502070426
42452CB00041B/2093